utb 2569

D1854480

**Eine Arbeitsgemeinschaft der Verlage**

Böhlau Verlag · Wien · Köln · Weimar
Verlag Barbara Budrich · Opladen · Toronto
facultas · Wien
Wilhelm Fink · Paderborn
A. Francke Verlag · Tübingen
Haupt Verlag · Bern
Verlag Julius Klinkhardt · Bad Heilbrunn
Mohr Siebeck · Tübingen
Nomos Verlagsgesellschaft · Baden-Baden
Ernst Reinhardt Verlag · München · Basel
Ferdinand Schöningh · Paderborn
Eugen Ulmer Verlag · Stuttgart
UVK Verlagsgesellschaft · Konstanz, mit UVK/Lucius · München
Vandenhoeck & Ruprecht · Göttingen · Bristol
Waxmann · Münster · New York

Nils Freytag / Wolfgang Piereth

# Kursbuch Geschichte

Tipps und Regeln für
wissenschaftliches Arbeiten

5., aktualisierte Auflage

Ferdinand Schöningh

*Die Autoren:*

Dr. Wolfgang Piereth, Geschäftsführer des Historischen Seminars der Ludwig-Maximilians-Universität München, Lehrveranstaltungen seit 1993, Publikationen u.a. zur Presse- und Rechtsgeschichte des langen 19. Jahrhunderts.

Dr. Nils Freytag, Studienreferent des Historischen Seminars der Ludwig-Maximilians-Universität München, Lehrveranstaltungen seit 1999, Publikationen u.a. zur Kultur- und Umweltgeschichte (18.-20. Jahrhundert).

Online-Angebote oder elektronische Ausgaben sind erhältlich unter
**www.utb-shop.de**

Bibliografische Information der Deutschen Nationalbibliothek

Die Deutsche Nationalbibliothek verzeichnet diese Publikation in der Deutschen Nationalbibliografie; detaillierte bibliografische Daten sind im Internet über http://dnb.d-nb.de abrufbar.

5., aktualisierte Auflage 2011

© 2004 Ferdinand Schöningh, Paderborn
(Verlag Ferdinand Schöningh GmbH & Co. KG, Jühenplatz 1, D-33098 Paderborn)

Internet: www.schoeningh.de

Das Werk, einschließlich aller seiner Teile, ist urheberrechtlich geschützt. Jede Verwertung außerhalb der engen Grenzen des Urheberrechtsgesetzes ist ohne Zustimmung des Verlages unzulässig und strafbar. Das gilt insbesondere für Vervielfältigungen, Mikroverfilmungen und die Einspeicherung und Verarbeitung in elektronischen Systemen.

Printed in Germany.
Herstellung: Ferdinand Schöningh, Paderborn
Einbandgestaltung: Atelier Reichert, Stuttgart

UTB-Band-Nr: 2569
ISBN 978-3-8252-3548-2

# Vorwort

Wie finde ich rasch und erfolgreich geschichtswissenschaftliche Literatur und Quellen? Wie lese und exzerpiere ich sie gewinnbringend? Welche historischen Nachschlagewerke verwende ich am besten für welchen Zweck? Was bietet das Internet für mein Geschichtsstudium? Wie halte ich ein Referat? Welche Regeln muss ich beim Belegen, Zitieren und Setzen von Fußnoten beachten? Wie schreibe ich eine Hausarbeit? Mit welchen geschichtswissenschaftlichen Methodenfragen werde ich schon am Beginn des Studiums konfrontiert? Diese und ähnliche Fragen stellen sich vor allem Studierende in ihren ersten Semestern immer wieder. Seit einigen Jahren verstärkt sich dieser Trend noch, werden doch die für ein erfolgreiches Studium unabdingbaren technischen Grundkenntnisse in der Schule kaum noch vermittelt.

Das Verblüffende ist: Obgleich dieser Komplex so elementar ist, obwohl er in den Einführungsseminaren regelmäßig behandelt wird, und obgleich die Kenntnis aller damit verbundenen Regeln und Fertigkeiten im Laufe des Studiums selbstverständlich erwartet wird, gibt es auf dem deutschsprachigen Buchmarkt kein entsprechendes Angebot. Man findet zwar vorzügliche und ausführliche Reflexionen zur Theorie und Methode des Faches, gründliche Einführungen in historische Teilfächer, allgemein gehaltene Ratgeber zum Lesen, Referieren und Schreiben – aber eine kompakte, Teilfächer übergreifende und an der Praxis orientierte Einführung in die schon für Studienanfänger relevanten Techniken und Methoden geschichtswissenschaftlichen Arbeitens sucht man bislang vergeblich.

Das Kursbuch Geschichte soll diese Lücke schließen. Die Tipps und Regeln, die wir festgehalten haben, entspringen unmittelbarer Erfahrung, denn sie sind das Ergebnis zahlreicher Proseminare und Übungen, die wir in den zurückliegenden Jahren angeboten haben. Das Kursbuch entspricht deshalb auch in Aufbau und inhaltlichem Zuschnitt weitgehend dem Technik- und Methodenteil eines einführenden Seminars. Es richtet sich hauptsächlich an Studierende des Faches Geschichte im Grundstudium, darüber hinaus aber auch als selektiv zu nutzendes Nachschlagewerk an Studierende aller Fachsemester, an Oberstufenschüler sowie an Lehrende, die ihre Studentinnen und Studenten bzw. Schülerinnen und Schüler mit wichtigen Grundlagen geschichtswissenschaftlichen Arbeitens vertraut machen wollen.

Wir danken den Kolleginnen und Kollegen am Historischen Seminar der Ludwig-Maximilians-Universität München, die das Entstehen des Kursbuchs mit Kritik und Anregungen begleitet haben. Außerdem bedanken wir uns bei allen unseren Studierenden, die mit ihren Fragen dieses Buch maßgeblich befördert haben, sowie ganz besonders bei Andreas Hofmann, Dominik Petzold und Andrea Sinn für kritisches Korrekturlesen und technische Hilfestellung.

Noch drei abschließende Hinweise: Um die Darstellung zu entlasten, haben wir uns entschieden, im Folgenden nur männliche Bezeichnungen zu verwenden; wenn von Student, Dozent usw. die Rede ist, dann ist selbstverständlich stets auch das weibliche Pendant gemeint. Darüber hinaus haben wir darauf verzichtet, die zahlreichen im Buch aufgeführten Internetadressen jeweils mit dem Datum ihres letzten Aufrufs zu versehen, was die Regel eigentlich verlangt; für alle WWW-Seiten gilt, dass sie letztmalig am 25.2.2004 aufgerufen wurden. Und schließlich laden wir alle Leser ein, uns Anregungen, Kritik und Verbesserungsvorschläge per E-Mail zukommen zu lassen (N.Freytag@lrz.uni-muenchen.de oder W.Piereth@lmu.de).

München, im Februar 2004
Nils Freytag Wolfgang Piereth

## Zur dritten Auflage

Die dritte Auflage des *Kursbuchs Geschichte* haben wir genutzt, alle Angaben umfassend zu aktualisieren und wo erforderlich zu ergänzen. Insbesondere im Bereich der Onlineressourcen waren weitreichende Anpassungen notwendig, weil dieser Sektor sich anhaltend wandelt und zudem stark expandiert. Alle im Buch angegebenen WWW-Seiten haben wir am 27.11.2007 überprüft. Darüber hinaus haben wir das Kapitel 4 um eine Passage zu Einführungen in die Geschichtswissenschaft erweitert, ist dieser Markt doch in den letzten Jahren stark angewachsen und gerade für Studienanfänger unübersichtlich geworden, so dass Orientierungshilfe Not tut.

Wir bedanken uns wieder für Lob, Kritik und Anregungen bei Studierenden, Kolleginnen und Kollegen. Ein besonderer Dank geht an den Kollegen Peter Helmberger, der uns bei der Herstellung der Abbildungen unterstützt hat, sowie an Ekaterina Militskikh für Mithilfe beim Korrekturlesen und beim Erstellen des Registers.

Wer mit uns Kontakt aufnehmen möchte, erreicht uns unter der E-Mail-Adresse info@kursbuch-geschichte.de.

München, im November 2007
Nils Freytag Wolfgang Piereth

## Zur vierten Auflage

Für die vierte Auflage des *Kursbuchs Geschichte* haben wir alle Angaben aktualisiert und einige kleinere Ergänzungen vorgenommen. Alle im Buch angegebenen WWW-Seiten haben wir am 15. Mai 2009 überprüft. Diese Internetressourcen verlinken wir weiterhin und stets aktuell auf unserer Seite http://www.kursbuch-geschichte.de.

Wir bedanken uns für Lob, Kritik und Anregungen bei Studierenden, Kolleginnen und Kollegen. Ein besonderer Dank geht an den Kollegen Peter Helmberger sowie an Friederike Meyer-Chory, Lisa Sanner und Daniel Tokar, die uns bei der Aktualisierung tatkräftig und zuverlässig unterstützt haben.

Wer mit uns Kontakt aufnehmen möchte, erreicht uns weiterhin unter der E-Mail-Adresse info@kursbuch-geschichte.de.

München, im Juni 2009
Nils Freytag Wolfgang Piereth

## Zur fünften Auflage

Sieben Jahre nach der Erstauflage des *Kursbuchs* haben wir insbesondere die Kapitel 4, 5 und 6 substantiell überarbeitet, ergänzt und teilweise neu gefasst. Darüber hinaus wurden wieder alle Angaben aktualisiert. Die im Buch angegebenen WWW-Seiten haben wir am 18.02.2011 überprüft. Die Internetressourcen verlinken wir weiterhin und stets aktuell auf der Seite http://www.kursbuch-geschichte.de.

Für Lob, Kritik und Anregungen danken wir Studierenden, Kolleginnen und Kollegen sowie Mitarbeiterinnen und Mitarbeitern von Archiven und Bibliotheken. Ein besonderer Dank geht wieder an den Kollegen Peter Helmberger sowie an Friedericke Meyer-Chory, die uns bei der Überarbeitung sehr geholfen haben.

Wer mit uns Kontakt aufnehmen möchte, erreicht uns weiterhin unter der E-Mail-Adresse info@kursbuch-geschichte.de

München, im Februar 2011
Nils Freytag Wolfgang Piereth

# Inhaltsverzeichnis

# 1. Voraussetzungen und Chancen eines erfolgreichen Geschichtsstudiums

Der Studienalltag, den Sie an der Universität erleben, unterscheidet sich grundlegend von Ihrer Schulzeit. Die Universität wird Ihnen in der ersten Zeit recht unübersichtlich vorkommen, Sie werden vermutlich das Gefühl haben, dass sich niemand so richtig um Sie kümmert und es extrem mühsam ist, sich zu orientieren und herauszufinden, was denn nun eigentlich wichtig und richtig ist. Zu Ihrer Beruhigung: Es geht fast allen Anfängern so, und diese anstrengende Eingewöhnungsphase geht auch einmal zu Ende.

Auch wenn gewisse Anfangsschwierigkeiten wohl unvermeidlich sind, können Sie sich den Start in Ihr Geschichtsstudium erleichtern. Einige wichtige Hinweise haben wir in diesem Kapitel zusammengestellt. Dabei geht es uns erstens um die **Voraussetzungen**, die Sie für ein erfolgreiches Geschichtsstudium möglichst mitbringen sollten, zweitens skizzieren wir Ihnen, welche **Schlüsselqualifikationen** Sie sich in einem Geschichtsstudium aneignen können und welche **Tätigkeitsfelder** für Historiker in erster Linie in Frage kommen, und drittens schließlich geben wir Ihnen einen kurzen Überblick über **Aufbau und Gestalt des Faches**.

**1. Voraussetzungen:** Ob Sie Ihr Geschichtsstudium letztlich mit Freude und Bravour bewältigen, lässt sich an seinem Beginn natürlich nicht vorhersagen. Aber es gibt einige Anhaltspunkte dafür, ob Sie mit dem Fach Geschichte die richtige Wahl getroffen haben. Dazu gehören naturgemäß an erster Stelle **Interesse, Neugier und Problembewusstsein** für historische Abläufe. Darüber hinaus ist es wichtig, dass Sie eine solide **Sprachkompetenz** mitbringen. Das bezieht sich zunächst einmal auf das Deutsche: Sie sollten eine gewisse Fertigkeit haben, komplexe Sachverhalte schriftlich einzufangen, sie mündlich vor Publikum zu präsentieren und auch einmal kontrovers zu diskutieren. Auch sollten Sie gerne viel lesen, denn Geschichte ist ein Lesestudium. Nicht zuletzt dafür benötigen Sie Kenntnisse in Fremdsprachen, denn Geschichte ist eine international vernetzte Wissenschaft. So gut wie unverzichtbar sind Englisch und Französisch, je nach gewähltem Studienschwerpunkt können weitere, etwa ost- oder südeuropäische Sprachen hinzu kommen. Mit Blick auf die Alte und die Mittelalterliche Geschichte werden meist auch Lateinkenntnisse verlangt, denn Latein ist die absolut dominierende Quellensprache jener Epochen. Wer sich auf die Antike konzentriert, muss natürlich auch das Griechische beherrschen. Jede Universität hat eigene Regeln, welche Sprachkompetenz genau gefordert wird und bis wann sie nachzuweisen ist – erkundigen Sie sich darüber am besten, noch bevor Sie sich einschreiben oder spätestens in der Anfangszeit Ihres Studiums. Generell zu beobachten ist darüber hinaus ein Trend zu so genannten Eignungstests. Immer mehr Universitäten prüfen vor der Immatrikulation die Eignung der Studienbewerber mit unterschiedlichen Verfahren. Das betrifft auch das Fach Geschichte. Machen Sie sich daher unbedingt vorab schlau, ob die von Ihnen gewählte Universität solche Tests durchführt, erkundigen Sie sich nach dem Termin und dem genauen Ablauf des Verfahrens.

**2. Schlüsselqualifikationen und Tätigkeitsfelder für Historiker:** Keine der eben genannten Voraussetzungen müssen Sie am Beginn Ihres Studiums perfekt beherrschen. Vielmehr werden Sie all das und weitere Fertigkeiten während Ihres universitären Werdegangs erlernen, verbessern und ausbauen. Wir betonen diesen Gesichtspunkt, um Sie darauf aufmerksam zu machen, dass Sie im Geschichtsstudium über Lehrinhalte hinaus auch Schlüsselqualifikationen erwerben können, welche die engeren Grenzen des Faches weit überschreiten. Das Studium fordert und fördert die Fähigkeit zum methodischen, systematischen, theoretisch geleiteten und nicht zuletzt auch selbstständigen Arbeiten. Ein erfolgreich absolviertes Geschichtsstudium befähigt Sie dazu, scheinbar heterogene Aspekte zu vernetzen, komplexe Sachverhalte analytisch zu durchdringen und anschaulich zu präsentieren. Sie eignen sich damit eine inner- wie außerhalb des Faches **flexibel einsetzbare Problemlösungskompetenz** an. Mit diesem Zuschnitt trägt das Geschichtsstudium dem sich in unserer Zeit ständig beschleunigenden Wandel der Wissensinhalte in besonderer Weise Rechnung. Dadurch eröffnen sich den Absolventen des Faches Geschichte auf dem Arbeitsmarkt zunehmend überall dort Chancen, wo es um Traditionsvermittlung, Wissensaneignung und Weiterbildung geht. Eine wichtige Grundsatzentscheidung ist in diesem Zusammenhang, in welchem Studiengang Sie Geschichte studieren wollen: Als Staatsexamensstudium mit Blick auf ein Lehramt oder als Bachelor- und Masterstudium (die traditionellen Magisterstudiengänge sind im Zuge des Bolognaprozesses weitestgehend verschwunden); sehr viel seltener ist ein Diplomstudiengang Geschichte. Wer einen Lehramtsstudiengang gewählt hat, um nach dem Staatsexamen in die Schule zu gehen, wird naturgemäß besonders aufmerksam die jeweilige Einstellungspolitik der einzelnen Bundesländer verfolgen. Demgegenüber sind die Berufsperspektiven für Magister-, Bachelor-, Master- oder Diplomstudenten des Faches Geschichte offener, unübersichtlicher und auch unsicherer. Falls Sie sich für einen dieser Studiengänge entscheiden, ist es besonders wichtig, dass Sie sich schon frühzeitig darum kümmern, fachnahe Praxiserfahrung zu sammeln. Praktika in Verlagen, Museen und Archiven, Aktivitäten im Medienbereich oder auch die Mitarbeit an Lehrstühlen oder bei Forschungseinrichtungen können Ihr Studium zielgerecht ergänzen und Ihre Berufschancen erheblich verbessern. Das Gleiche gilt für sinnvoll mit der Studienplanung verbundene Auslandsaufenthalte. Das Klischee vom weltfernen, stubenhockenden Geschichtsstudiosus, der selbstvergessen in staubigen Büchern schmökert, entspricht weder der Realität noch den Anforderungen. Einen ersten guten Überblick über einschlägige Berufsfelder liefert die Seite: http://www.berufe-fuer-historiker.de.

**3. Aufbau und Gestalt des Faches:** Das Fach Geschichte besteht aus einer Fülle von Teilfächern, welche die ganze methodische und inhaltliche Vielfalt der historischen Wissenschaft widerspiegeln. Auch wenn Sie sich entschieden haben, das Fach Geschichte in seiner gesamten Breite zu studieren, etwa um später einmal Lehrer zu werden, müssen Sie bereits im Laufe Ihres Grundstudiums einführende Kurse in verschiedenen geschichtswissenschaftlichen Teilbereichen belegen. Zumeist haben Sie es dabei zu tun mit der Alten Geschichte, der Mittelalterlichen Geschichte sowie der Neueren und Neuesten Geschichte. Diese so genannten **Epochendisziplinen** sind umfassend angelegt und definieren sich über den jeweils behandelten Zeitraum. Bei einem Bachelor-, Master- oder Magisterstudiengang können Sie sich in der Regel auch für so genannte **Regionaldisziplinen** als historisches Haupt- oder Nebenfach entscheiden. Viele Universitäten ermöglichen es Ihnen, diese Geschichte bestimmter Regionen zu studieren. Das reicht von einzelnen deutschen Landesgeschichten wie der sächsischen oder der westfälischen bis hin zur Geschichte anderer Staaten und teilweise sogar Kontinente; die englische, osteuropäische und skandinavische Geschichte, die nord- oder die lateinamerikanische Geschichte oder auch die afrikanische Geschichte sind Beispiele dafür. Vergleichen Sie diese miteinander oder rücken Sie das Verhältnis einzelner Regionen oder Staaten zueinander in das Zentrum, dann ist das die Geschichte der internationalen Beziehungen. Auch diese ist am ehesten bei den Regionaldisziplinen anzusiedeln. Es bleiben dann noch die **Sachdisziplinen**, die sich in erster Linie über ihren Untersuchungsgegenstand bestimmen lassen und die zumeist Epochen und Regionen überschreitend angelegt sind. Es gibt einige Sachbereiche, die innerhalb der Geschichtswissenschaft bereits seit langem fest in Forschung und Lehre etabliert sind. Zu ihnen gehören gewiss die Technik- sowie die Wirtschafts- und Sozialgeschichte. Aber auch die Religions- und Kirchengeschichte, die Wissenschafts- und Bildungsgeschichte sowie die Rechts- und Verwaltungsgeschichte sind altehrwürdige Bestandteile unseres Faches. Neue Trends greifen jüngere Teildisziplinen auf, wie die Umweltgeschichte oder die Geschlechtergeschichte.

Die Organisation des Faches sowie das Angebot an historischen Disziplinen und an Studiengängen unterscheiden sich von Universität zu Universität. Da unser Kursbuch ein Ratgeber für die **Studienpraxis** und nicht für die Studienplatzwahl ist, können wir hier unmöglich all jene Einzelheiten aufführen, über die sich – nebenbei bemerkt – ein eigener Wegweiser verfassen ließe. Sie als Studienanfänger müssen aber vor allem wissen, dass es diese Unterschiede gibt und es sich deswegen sehr auszahlt, wenn Sie offene Fragen zur Organisation Ihres Studiums immer möglichst rasch und eingehend klären. Das Internetangebot der Universitäten liefert hier einen guten Einstieg (die Startseiten liegen in aller Regel unter www.uni-gesuchter Ort.de), allerdings sollten Sie sich nicht auf eine Recherche im Netz beschränken. Nutzen Sie die allgemeine Studienberatung, die jede Universität anbietet, und erkundigen Sie sich darüber hinaus bei einem Vertreter des Faches selbst – meistens gibt es speziell für solche Anfragen zuständige Fachstudienberater. Die Studienberatung der Fachschaften kann wegen ihrer spezifisch studentischen Perspektive eine gute Ergänzung dazu sein. Außerdem werden oft in den Wochen vor Semesterstart umfangreiche Einführungsveranstaltungen angeboten, die Sie als Studienanfänger nicht versäumen sollten. Wichtige schriftliche Informationsquellen sind die Studien- und Prüfungsordnungen sowie das aktuelle Vorlesungsverzeichnis, das oft zusätzlich in einer fachspezifischen, kommentierten Variante angeboten wird.

# 2. Literatur und Quellen finden

Geschichte ist ein Lesestudium. Diesen Hinweis werden Sie vor allem am Beginn Ihres Studiums immer wieder hören, und Sie sollten ihn sehr ernst nehmen. Geschichte erfolgreich zu studieren heißt tatsächlich lesen, lesen und noch einmal lesen. Das hängt mit dem wissenschaftlichen Gegenstand und dem methodischen Zugriff des Faches zusammen, aber auch mit der im Vergleich zu naturwissenschaftlichen Fächern weitaus längeren Halbwertszeit geschichtswissenschaftlicher Erkenntnisse, die auch noch nach Jahrzehnten oder gar Jahrhunderten gültig sein und verwendet werden können. Das erklärt den außerordentlich breiten und gerade für Anfänger oft unübersichtlichen Literaturfundus, der das Fach Geschichte auszeichnet.

Für ein erfolgreiches Geschichtsstudium sollten Sie deshalb von Beginn an zweierlei beachten: Sie müssen sich möglichst rasch Techniken aneignen, wie Sie die Fülle an Lesestoff gewinnbringend verarbeiten, darum wird es im nächsten Kapitel gehen. Vor das Lesen und Auswerten haben die Wissenschaftsgötter aber die Suche nach Quellen und Literatur gestellt, und weil das Angebot an Büchern und Aufsätzen meist sehr groß ist, gehört zu diesem Aspekt auch die Frage, wie Sie aus den gefundenen Titeln qualifiziert auswählen. Im folgenden Abschnitt erläutern wir deswegen zunächst, wie Sie effektiv, zügig und Nerven schonend die für Ihr Thema und Ziel jeweils einschlägigen Titel finden. Wir gehen dabei in zwei Schritten vor, indem wir fragen:

1. Welche Arten von Publikationen gibt es?
2. Welche Suchstrategie empfiehlt sich, und welche Hilfsmittel zur Recherche gibt es?

## 1. Welche Arten von Publikationen gibt es?

In der Geschichtswissenschaft trennt man zwischen **Quellen** einerseits und **Literatur** andererseits. Quellen sind nach der schon Jahrzehnte alten, aber bis heute immer wieder zitierten Definition Paul Kirns „alle Texte, Gegenstände oder Tatsachen, aus denen Kenntnis der Vergangenheit gewonnen werden kann."[1] Auch wenn bei den meisten historischen Teildisziplinen Schriftgut im Zentrum steht, geht diese Begriffsbestimmung über Schriftliches zu Recht weit hinaus, denn auch Gebäude, Bilder, Kleidung und viele weitere Objekte können dem Geschichtswissenschaftler wichtige Informationen liefern. Quellen sind entweder unbewusst und unabsichtlich überliefert, dann spricht der Historiker von **„Überrest"**, oder sie sind absichtlich für die Nachwelt tradiert, dann fallen sie in die Rubrik **„Tradition"**. Unterscheidungskriterium ist also nicht die äußere Form, sondern die Zwecksetzung, die mit der Quelle verbunden war. Als Überrest gelten beispielsweise alle Gegenstände des täglichen Bedarfs, Gesetze, Verträge und Urkunden, dienstliche und private Briefe. Zur Tradition zählen etwa Annalen und Chroniken, Memoiren und Autobiographien.[2] Ganz trennscharf ist die Unterscheidung indes nicht: So sind publizistische Quellen kaum einer der beiden Kategorien definitiv zuzuordnen. Außerdem kann eine Traditionsquelle durchaus auch Überrest sein, wenn man nicht den Inhalt der Quelle, sondern die Rahmenbedingungen ihrer Entstehung untersuchen will.

Während Ihres Studiums werden Sie es überwiegend mit gedruckten schriftlichen Quellen zu tun haben. Quellenbände können ganz unterschiedlich zugeschnitten sein: Annalen, Memoiren, Autobiographien, Briefeditionen, Sammlungen der wichtigsten Verfassungsdokumente der Neuzeit, Urkunden mittelalterlicher Herrscher, Parlamentsprotokolle und viele andere Varianten zählen dazu. Sehr oft haben Quelleneditionen einen (oder mehrere) Herausgeber oder Bearbeiter. Er bereitet die Quellentexte nach wissenschaftlichen Editionsprinzipien auf, kommentiert sie bei Bedarf und entscheidet gegebenenfalls auch, welche Texte überhaupt in den Band aufgenommen werden. Die Fülle des verfügbaren Materials ist riesig und wächst ständig, denn zum einen werden laufend die Quellen neuer Themengebiete erschlossen, zum andern werden auch bereits einmal edierte Quellen unter veränderten Gesichtspunkten neu geordnet und wieder herausgegeben; wichtige Verfassungstexte und Verträge, bedeutende Briefe oder Reden werden Sie in verschiedenen Editionen finden.

---

1 Paul Kirn: Einführung in die Geschichtswissenschaft. Berlin $^{5}$1968, S. 29.

2 Mehr dazu beim Klassiker des Faches: Ahasver v. Brandt: Werkzeug des Historikers. Eine Einführung in die Historischen Hilfswissenschaften. Mit aktual. Literaturnachträgen und einem Nachwort von Franz Fuchs. Stuttgart u.a. $^{17}$2007, v.a. S. 48-64. – Vgl. auch Friedrich Beck und Eckart Henning: Die archivalischen Quellen. Mit einer Einführung in die Historischen Hilfswissenschaften. 4., durchges. Aufl. Köln 2004.

Neben den Quellen gibt es die **Literatur**. Als Literatur bezeichnet man wissenschaftliche Darstellungen, die auf der Basis von Quellen historische Prozesse oder Ereignisse beschreiben, analysieren und bewerten. Otto v. Bismarcks *Gedanken und Erinnerungen* sind eine Quelle, und dabei ist es ganz gleichgültig, ob die verwendete Vorlage aus dem Jahr 1921 oder aus dem Jahr 1982 stammt; dagegen ist Lothar Galls Biographie über Bismarck aus dem Jahr 1980 eine Darstellung. Die Abgrenzung zwischen Quelle und Literatur ist allerdings hin und wieder fließend, denn je nach Fragestellung und Thema können Darstellungen als Quellen verwendet werden und umgekehrt. Wer über den berühmten Schweizer Historiker Jacob Burckhardt arbeitet, wird dessen Schriften als Quellen ansehen, wer zu Kaiser Konstantin forscht, wird Burckhardts 1853 erschienene Arbeit über die Zeit Konstantins des Großen zur verwendeten Literatur rechnen.

Der Oberbegriff Literatur bindet unterschiedliche Publikationsformen zusammen. Die wichtigsten davon müssen Sie kennen, denn Ihre jeweilige Recherchestrategie hängt eng zusammen mit der Art von Literatur, die Sie aufspüren wollen oder müssen. Als erstes zu nennen sind die so genannten **Monographien**: Dazu zählen Überblicksdarstellungen, Spezialuntersuchungen, Lehrbücher, Ratgeber, Dissertationen und Habilitationen – wissenschaftliche Werke also, die ein bestimmtes Thema behandeln. Monographien haben meistens einen einzigen Verfasser, mit Ausnahme von Dissertationen und Habilitationen können aber auch mehrere Autoren verantwortlich zeichnen. Das Buch, das Sie gerade in der Hand halten, ist auch eine Monographie, gemeinsam verfasst von zwei Autoren. Viele Monographien erscheinen nicht als Einzelpublikation, sondern sind Teil einer umfassender angelegten, vielbändigen wissenschaftlichen Reihe. Die Bände einer Reihe sind zumeist in ein thematisch und / oder methodisch verbindendes Gesamtkonzept integriert und kommen in gleicher Form und Aufmachung auf den Markt.

Von den Monographien zu unterscheiden sind die so genannten **Sammelbände**. Ein Sammelband ist ein Buch, in dem mehrere, meist thematisch verwandte Aufsätze zusammengebunden sind. Er hat einen oder mehrere Herausgeber, bei dem oder denen die Verantwortung für das Konzept des Bandes, die inhaltliche Abstimmung unter den Autoren und überhaupt die Fertigstellung des Buches liegt. Sammelbände gehen oft aus Tagungen, Konferenzen oder Vortragsreihen hervor. Sie haben eine zentrale Funktion im Wissenschaftsbetrieb, denn häufig vereinigen sie die ausgewiesenen Experten eines bestimmten Bereichs, die sich in ihren Aufsätzen aus unterschiedlichen

Blickwinkeln und gegebenenfalls auch kontrovers mit dem Thema auseinandersetzen. Ein etwas anders gelagerter Typ von Sammelband ist die Festschrift: Auch sie enthält unter der Regie eines oder mehrerer Herausgeber zusammengetragene Aufsätze, indes ist die gemeinsame Basis nicht ein bestimmtes Thema, sondern der zu ehrende Wissenschaftler. Deswegen sind Festschriften inhaltlich oft sehr heterogen angelegt. In beiden Fällen gilt: Ob für Sie der gesamte Sammelband oder nur ein einziger Aufsatz daraus wichtig ist, hängt natürlich von Ihren konkreten Zielen und Interessen ab.

Aufsätze finden Sie darüber hinaus in **Fachzeitschriften**, der dritten Publikationsform, die Sie kennen müssen. Zeitschriften haben gegenüber Büchern den Vorteil, dass sie meist zeitnäher und flexibler auf neue Forschungstrends reagieren können, denn sie erscheinen mehrfach pro Jahr, je nach Zeitschrift meist zwei bis sechs Mal. Die aktuellsten Hefte werden in den Bibliotheken häufig separat ausgelegt, am Ende eines Jahres werden die einzelnen Ausgaben dann zu einem Jahrgangsband zusammengebunden. Über die inhaltliche Ausrichtung und die methodischen Schwerpunkte der wichtigsten historischen Fachzeitschriften finden Sie weitere Informationen im Kapitel 6. Generell ist zu beobachten, dass Anfänger den Wert von Fachzeitschriften und überhaupt von Aufsätzen oft unterschätzen und sich lieber an Monographien festhalten, obgleich diese nicht immer die besten und geeignetsten Informationen liefern. Das mag auch damit zusammenhängen, dass einschlägige Aufsätze ohne die richtige Suchstrategie schwerer zu finden sind als Bücher. Und das wiederum liegt vor allem daran, dass es sich bei Aufsätzen um **unselbständige Veröffentlichungen** handelt, die im Gegensatz zu den **selbständig** erscheinenden Büchern im Regelfall in Bibliothekskatalogen nicht ausgewiesen sind – dazu gleich mehr.

**Internetpublikationen** sind selbstverständlich ebenfalls verwendbar und zitierfähig. Anzugeben sind dabei stets die WWW-Adresse (URL) und wegen der Flüchtigkeit dieses Mediums das Datum des letzten Aufrufs. Es gibt verschiedene Initiativen, Onlinedokumente mit einer eindeutigen Kennung zu versehen, so dass die Publikation auch bei geänderter URL aufzufinden wäre; eine abschließende Regelung steht indes noch aus.[3] Weil jeder fast alles ins Netz stellen kann, was er will, fehlt bei dieser Publikationsform häufig die Quali-

---

[3] Nützliche Informationen zu diesem Komplex bietet das Bändchen von Michael Koschorreck und Frank Suppanz: Geisteswissenschaften studieren mit dem Computer. Eine praxisorientierte Einführung. Stuttgart 2003.

tätskontrolle, die bei Gedrucktem die Verlage oder Herausgebergremien übernehmen. Deswegen müssen Sie in diesem Bereich besonders kritisch und vorsichtig sein, das gilt vor allem, wenn das Onlinedokument kein Impressum aufweist.

## 2. Welche Suchstrategien empfehlen sich, und welche Hilfsmittel zur Recherche gibt es?

Das Ermitteln und Sammeln von Quellen und Literatur bezeichnet man als **Bibliographieren**. Wie umfangreich und intensiv Sie bibliographieren, ist naturgemäß von Ihrem Ziel abhängig. Um ein gutes Seminarreferat bestreiten zu können, reicht oft schon eine Hand voll einschlägiger Titel – es müssen dann aber wirklich die einschlägigen sein. Für eine Hausarbeit von 15 bis 20 Seiten Umfang brauchen Sie eine breitere Basis. Bei Ihrer Examensarbeit werden Sie die relevante Forschung und die für ihr Thema notwendigen Quellen weitgehend vollständig erfassen müssen. Für welchen Zweck auch immer: Zuverlässiges und differenziertes Bibliographieren ist die zentrale Voraussetzung für jede wissenschaftliche Arbeit. Nur wenn Sie die geeigneten Werke finden, können Sie Ihr Thema souverän bearbeiten. Umgekehrt gilt aber auch: Je mehr Sie über Ihre Thematik wissen, desto besser und präziser können Sie bibliographieren. Wer über die Kaiserkrönung Ottos I. (962) arbeitet und nicht weiß, dass sich damals unterschiedliche Kaiservorstellungen konkurrierend gegenüberstanden, wird die Hälfte der Forschungsliteratur übersehen; wer das Wartburgfest von 1817 untersucht und sich nicht darüber klar ist, wie eng dieses mit den Burschenschaften verflochten war, blendet ebenfalls wichtige Titel aus, weil er sie gar nicht als relevant erkennt. Daraus ergibt sich eine grundlegende Strategie, die Sie während Ihres gesamten Studiums verfolgen sollten: Das Bibliographieren geht dem Erarbeiten des Themas nicht voraus, sondern beide Aufgaben sind auf das Engste miteinander verknüpft. Gerade Anfänger neigen dazu, für ihr erstes Referatsthema zunächst einmal tagelang geradezu atemlos zu bibliographieren, obgleich sie von der gestellten Thematik nicht viel mehr kennen als den Titel. Die Folge sind mühsam erstellte, meist endlose Literaturlisten, die bei den Betroffenen das Gefühl noch verstärken, den Wald vor lauter Bäumen nicht mehr zu sehen.

Der Arbeitsweg, den Sie beschreiten müssen, ähnelt dem Gang durch **eine immer enger werdende Spirale**: Mit jeder Windung, die

Sie ins Innere zurücklegen, präzisieren Sie Ihr Thema und in Verbindung damit auch Ihre Literaturliste. Durch Ihren Erkenntnisfortschritt werden Sie auf neue Aspekte aufmerksam, die Sie wiederum zu neuen Quellen und Literaturtiteln führen. Das Ganze ist aber keineswegs nur auf Expansion angelegt: Bücher und Aufsätze, die Ihnen am Beginn Ihrer Arbeit noch relevant erschienen, können sich im weiteren Verlauf als unwichtig erweisen – etwa weil sich der Akzent Ihrer Untersuchung verschoben hat oder die ursprüngliche Fragestellung nicht tragfähig war.

Bleiben wir beim skizzierten Bild, dann befindet sich im ersten, äußersten Ring der Spirale das Basis- und Überblickswissen, das Sie sich – falls Sie es noch nicht haben – gleich am Anfang Ihrer Arbeit aneignen müssen. Es macht wenig Sinn, in diesem Stadium eher dürftigen Wissens bereits hoch differenzierte Spezialuntersuchungen heranzuziehen, denn diese können Sie ohne entsprechende Vorkenntnisse gar nicht richtig auswerten. Besser ist es, wenn Sie sich auf Lexika, Handbücher und Überblicksdarstellungen stützen. Jede historische Teildisziplin hat hier ihre eigenen Favoriten, über die Sie Ihr Dozent gewiss beraten wird; einige zentrale Handbücher stellen wir Ihnen im Kapitel 4 kurz vor. Eine wichtige Orientierungshilfe bietet auch das von Winfried Baumgart zusammengestellte *Bücherverzeichnis zur deutschen Geschichte*.[4] „Der Baumgart“, wie das Bändchen im Fachjargon heißt, ist ein für den Historiker unentbehrliches Kompendium, mit dem sich weitere Einführungen, Standardwerke, Hilfsmittel, Periodika und Quellenwerke finden lassen; dass „der Baumgart“ methodisch eher konservativ angelegt ist und jüngere Forschungstrends etwas unterbelichtet, darf allerdings auch nicht verschwiegen werden. Generell sollten Sie die erste Orientierungsphase möglichst knapp halten, es geht schließlich nur darum, das Thema einordnen zu können und die wichtigsten damit verbundenen Aspekte herauszufiltern. Sie dürfen also nicht stapelweise Handbuch- und Überblicksliteratur lesen, denn das verschlingt nur kostbare Zeit und bringt Sie inhaltlich kaum voran.

Auf Grundlage des so erworbenen Überblickswissens können Sie nun beginnen, gezielt Spezialliteratur und einschlägige Quellen zu bibliographieren, um sich ins Innere der imaginären Spirale zu arbeiten. Bevor wir Ihnen die zentralen Recherchemöglichkeiten vorstellen, erinnern wir Sie noch einmal daran, wie außerordentlich wichtig es ist,

---

4 Winfried Baumgart: Bücherverzeichnis zur deutschen Geschichte. Hilfsmittel – Handbücher – Quellen. 17., überarb. und erw. Aufl. Stuttgart 2010.

diesen Suchprozess immer wieder durch Lesen und Auswerten des bereits gefundenen Materials zu flankieren. Nur so können Sie Ihre Fragestellung präzisieren, gegebenenfalls modifizieren und damit auch Ihre Literatur- und Quellensuche verfeinern.

Die folgenden vier Bibliographierwege sollten Sie kennen und mit jedem Thema aufs Neue beschreiten:

1. Werten Sie **Literaturverzeichnisse und / oder Fußnoten** in Büchern oder Aufsätzen aus, die Ihnen bereits vorliegen. Auf diese Weise stoßen Sie auf weitere Publikationen, die Sie wiederum bibliographisch auswerten können. Historiker bezeichnen dieses Durchforsten von Fußnoten und Literaturverzeichnissen als **unsystematisches Bibliographieren** – im Gegensatz zum systematischen Verfahren, auf das wir noch kommen. Je aktueller die Publikation ist, die Sie auswerten, desto besser. Sie haben dabei allerdings zweierlei zu bedenken: Erstens müssen Sie darauf hoffen, dass der Verfasser, auf dessen Werk Sie sich gerade stützen, selbst zuverlässig bibliographiert und nicht wichtige Titel übersehen oder einfach ausgeblendet hat. Und zweitens ist immer zu bedenken, dass zwischen dem Abschluss des Manuskripts und dem Erscheinungsdatum der Publikation durchaus zwei bis drei Jahre vergangen sein können; das Literaturverzeichnis eines Buches, das 2008 erschienen ist, spiegelt also oftmals den Forschungsstand von 2005 oder 2006 wider. Die zeitliche Lücke bis zur Gegenwart müssen Sie mittels anderer Verfahren abdecken, die wir gleich noch erläutern.

Für ein erstes unsystematisches Bibliographieren eignen sich oft schon die oben erwähnten Überblickswerke, mit denen Sie in Ihr Thema einsteigen. In vielen Fällen sehr nützlich sind zwei beim Oldenbourg-Verlag erschienene, Epochen übergreifende Reihen: Der Grundriss der Geschichte sowie die Enzyklopädie Deutscher Geschichte.[5] Die *Oldenbourg-Reihe Grundriss der Geschichte* (kurz: *OGG*) gibt es seit 1978; mittlerweile liegen fast 40 Bände zur europäischen und außereuropäischen Geschichte vor. Aufbau und Gliederung der einzelnen Bände sind immer gleich: Den Anfang macht eine Darstellung der Epoche. Dann folgt eine ausführliche Diskussion zu

[5] Grundriss der Geschichte, hrsg. von Lothar Gall, Karl-Joachim Hölkeskamp und Hermann Jakobs. München 1978ff. – Enzyklopädie deutscher Geschichte, hrsg. von Lothar Gall in Verbindung mit Peter Blickle, Elisabeth Fehrenbach, Johannes Fried, Klaus Hildebrand, Karl Heinrich Kaufhold, Horst Möller, Otto Gerhard Oexle und Klaus Tenfelde. München 1988ff.

Stand, besonderen Problemen und Schwerpunkten der Forschung. Am Ende steht eine thematisch gegliederte Bibliographie, mit der sich gezielt spezielle Sachgebiete erschließen lassen. Sie können mit einem Band dieser Reihe also nicht nur Literaturtitel finden, sondern auch etwas über den Inhalt und den Stellenwert dieser Titel erfahren. Die scharfe Trennung zwischen Darstellung und Forschung macht die Arbeit mit dem Grundriss freilich nicht immer ganz leicht. Die Bände der Reihe werden regelmäßig überarbeitet und sind deswegen fast immer auf dem neuesten Stand der Forschung. Achten Sie aber darauf, dass Sie in der Bibliothek die aktuellste Auflage verwenden. Dem gleichen Konzept verpflichtet ist die *Oldenbourg-Reihe Enzyklopädie Deutscher Geschichte* (kurz: *EDG*). Sie erscheint seit 1988, ist auf etwa 100 Bände angelegt, von denen bislang gut 80 auf den Markt gekommen sind. Auch die Bände dieser Reihe sind dreigeteilt in einen enzyklopädischen Überblick, einen Forschungsteil sowie eine ausführliche Bibliographie. Im Gegensatz zum Grundriss behandelt die Enzyklopädie ausschließlich die deutsche Geschichte; die Bände sind zudem thematisch enger gefasst.

2. Eine weitere Recherchemöglichkeit bieten die online verfügbaren **Bibliothekskataloge**. Am besten ist es, wenn Sie zunächst den Katalog Ihrer Universitätsbibliothek durchforsten, denn dann können Sie gefundene Titel auch gleich bestellen oder den Standort und die Signatur notieren. Die verschiedenen Bibliotheksdatenbanken unterscheiden sich nur in Details. Wenn Sie also einmal das generelle Funktionsprinzip verstanden haben, kommen Sie überall und immer gut zurecht. Auch die Suchmaske ist in allen Systemen ähnlich aufgebaut.

Es ist deswegen auch sinnvoll investierte Zeit, wenn Sie gleich am Beginn Ihres ersten Semesters eine Einführung in die Nutzung der Bibliothek besuchen oder sich von einem kompetenten Menschen am Rechercheterminal anleiten lassen; viele Bibliotheken bieten Ihnen mittlerweile auch gut durchdachte Onlinetutorials an. Eine praktische Einweisung ist in diesem Fall unersetzlich, deswegen wollen wir uns hier auf einige generelle Hinweise beschränken: Zunächst einmal muss Ihnen klar sein, dass **in Bibliothekskatalogen meist nur selbständig erschienene Titel** erfasst sind. Das sind Monographien jeder Art sowie Sammelbände, auch Quellenbände, Zeitschriften und Zeitungen als Ganzes. Sie finden in Bibliothekskatalogen also in aller Regel **keine Aufsätze**, die ja unselbständige Veröffentlichungen sind. Wir betonen diesen Aspekt ausdrücklich, denn es gehört leider zum

Abb. 1: OPAC-Recherchemaske der UB München (über http://opacplus.ub.uni-muenchen.de)

klassischen Fehlstart vieler Studienanfänger, dass sie Aufsätze mit großem Aufwand, aber vergeblich in Bibliothekskatalogen suchen. Beispielsweise werden Sie bei einer Recherche zum Thema *Politische Feste* in Ihrem Bibliothekskatalog zwar auf das von Dieter Düding und anderen 1988 herausgegebene Sammelwerk zur *Öffentlichen Festkultur* stoßen. Das System verzeichnet aber keinen der 20 Aufsätze, die der Band enthält – diese bleiben Ihnen so zunächst verborgen. Deswegen gilt natürlich auch umgekehrt, dass Sie auf diesem Weg keinen Aufsatz finden, der Ihnen möglicherweise vom Titel her schon bekannt ist und den Sie nun ausleihen wollen: Wenn Sie von Ihrem Dozenten den Hinweis bekommen, für Ihr Referat den im Band 275 (2003) der *Historischen Zeitschrift* (*HZ*) veröffentlichten Beitrag von Hans-Ulrich Wiemer über *Ökonomie und Politik im hellenistischen Rhodos* zu verwenden, werden Sie in Bibliothekskatalogen weder unter dem Autorennamen noch unter den Titelstichworten fündig werden; verzeichnet ist einzig und allein die *Historische Zeitschrift* als Ganzes.

Dieser Gedanke führt bereits zu den Suchfunktionen in den Bibliothekskatalogen. Sie sollten wenigstens drei verschiedene Recherchewege kennen. Da diese auch in den gleich noch zu behandelnden bibliographischen Datenbanken anwendbar sind, stellen wir sie hier etwas ausführlicher vor. Welchen der drei Wege Sie wählen, hängt von

Ihrer konkreten Situation ab. Wenn Ihnen ein bestimmter Experte namentlich bekannt ist, können Sie mit der **Autorensuche** arbeiten; die Datenbank wirft Ihnen dann alle selbständig erschienenen Titel dieses Verfassers aus. Das gilt auch, wenn Sie Quellen zu bestimmten Personen suchen. Die zweite Möglichkeit ist die Suche nach Stichworten. Das sind Begriffe, die im Titel oder Untertitel der Publikation auftauchen. Beachten Sie, dass die **Stichwortsuche** zunächst einmal nur Treffer liefert, die den Suchbegriff exakt in dieser Flexion und Sprache enthalten. Wenn Sie also als Stichwort den Begriff *Bauernkrieg* eingeben, erhalten Sie alle, aber eben auch lediglich jene Veröffentlichungen, die diesen Begriff genau so im Titel oder Untertitel führen. Ein Buch mit dem Titel *Geschichte des Bauernkriegs* entgeht Ihnen wegen des Genitiv-s, eine englischsprachige Publikation wegen des anders lautenden Begriffs *peasant revolt*, ein Buch, das den Ausdruck *Bauernkrieg* im Titel nicht nennt, sondern von frühneuzeitlichen Unruhen spricht, bleibt so auch außen vor. Die Stichwortsuche eignet sich daher vor allem für das gezielte Auffinden von Büchern, deren Titel Ihnen schon bekannt sind. Bei einer freien Recherche sollten Sie bei der Stichworteingabe flexibel agieren und mehrere Varianten probieren. Das gilt auch für den dritten möglichen Weg, die **Schlagwortsuche**. Schlagwörter sind von der Titelfassung unabhängige, nach einem bibliothekarischen Regelwerk genormte Sachbegriffe, die den Inhalt einer Veröffentlichung wiedergeben. Die im Bibliothekskatalog verwendeten Schlagworte lassen sich häufig über Indexeinträge ermitteln. Dadurch entgehen Sie dem Risiko, nach einem Begriff zu suchen, der in der Datenbank gar nicht auftaucht. Wenn Sie hier *Bauernkrieg* als Schlagwort eingeben, erhalten Sie alle Titel, die unter diesem Oberbegriff subsumiert wurden. Dazu zählt dann beispielsweise auch Steven Martisons 1988 erschienenes Buch *Between Luther and Müntzer. The Peasant Revolt in German Drama and Thought*, das Ihnen bei der Stichwortsuche entgangen wäre.

Um erfolgreich und effektiv suchen zu können, sollten Sie außerdem die **Boolschen Verknüpfungen** kennen, mit denen Sie mehrere Suchbegriffe durch Operatoren kombinieren können. Es gibt drei Varianten: Erstens die Verknüpfung „und“, bei der das System nur Treffer liefert, die alle verknüpften Begriffe gleichzeitig enthalten. Zweitens die Verknüpfung „oder“, bei der Sie alle Titel finden, die wenigstens einen der genannten Begriffe enthalten. Und drittens die Version „und nicht“ bzw. „ohne“, mit der Sie Begriffe von der Suche ausklammern können. Kombinieren können Sie sowohl innerhalb eines Suchfeldes als auch zwischen den einzelnen Recherchefeldern. Die meisten Systeme haben die Verknüpfung „und“ voreingestellt, die anderen Varianten erhalten Sie meist durch einfaches Anklicken in der Suchmaske, manchmal müssen Sie dazu auch von der so genannten Standardsuche in die Expertensuche wechseln.

Beispiele für die Verknüpfung mit „und“:

Die Eingabe des Begriffs *Revolution* in das Stichwortfeld liefert Ihnen in größeren Bibliotheken mehrere Tausend Treffer, diese Variante ist also zunächst einmal unbrauchbar. Wenn Sie das Begriffspaar *Französische Revolution* eintragen, sind es noch mehrere Hundert Titel, die Suche nach den drei Begriffen *Französische Revolution Verfassung* schließlich führt Sie zu einem einzigen Buch. Wenn Sie als Schlagwort *Kirchenreform* eingeben, erhalten Sie mehr als fünf Dutzend Treffer. Tragen Sie zusätzlich ins Autorenfeld noch den Namen *Goez* ein, stoßen Sie direkt auf das 2008 in aktualisierter Auflage erschienene Buch von Werner Goez: *Kirchenreform und Investiturstreit 910-1122*.

Beispiel für die Verknüpfung mit „oder“:

Die Suche nach geeigneten Titeln zum Problemfeld *Imperialismus* lässt sich Schritt für Schritt ausdehnen, indem Sie zunächst als Titelstichwort *Imperialismus* eingeben, dann *Imperialismus Kolonialismus* und schließlich, um auch englischsprachige Titel zu erhalten, die Wortkette *Imperialismus Kolonialismus Imperialism*. Das System erweitert den Suchradius stets um den jeweils neu eingegebenen Begriff und zeigt Ihnen alle Titel an, die wenigstens eines der genannten Wörter enthalten.

Beispiel für die Verknüpfung mit „und nicht“ bzw. „ohne“:

Wenn Sie zum *Absolutismus* arbeiten, dabei aber die Entwicklung in Frankreich ausblenden wollen, dann geben Sie im Schlagwortfeld das Begriffspaar *Absolutismus Frankreich* ein. Sie erhalten dann die Titel, die unter dem Begriff *Absolutismus* verschlagwortet sind, abzüglich jener, die auch unter dem Begriff *Frankreich* subsumiert sind.

Sehr hilfreich ist es zudem, wenn Sie die Funktionsweise der so genannten **Wildcards** oder **Platzhalter** kennen. Damit können Sie Ihre

Suche auf ganz einfache Weise wirkungsvoll ausdehnen. Eine vielfach verwendete Platzhalterversion ist das **Trunkieren**: Dabei ersetzt das vom System vorgesehene Trunkierungszeichen (meistens * oder # oder ?) beliebig viele Buchstaben am Ende eines Wortes. Wenn Sie das Stichwort *Bay** eingeben, erhalten Sie Treffer für die Begriffe *Bayern, Bayerisch, Bayrisch* usw., freilich auch *Bayreuth, BayWa* etc. Wenn Sie statt *Bauernkrieg* den Begriff *Bauernkrieg** eingeben, finden Sie auch die Werke, die den Begriff im Genitiv führen. Ein weiterer Platzhalter ist der so genannte **Joker**: Hier ersetzt das vom System vorgesehene Zeichen (meistens ein ?) einen beliebig zu wählenden Buchstaben, über den Sie sich möglicherweise unsicher sind. Beispielsweise führt Sie die Eingabe *M?ier* im Autorenfeld zu *Maier* und zu *Meier.*

Die meisten der beschriebenen Suchfunktionen sind nicht nur bei Bibliothekskatalogen anwendbar, sondern auch bei den bibliographischen Datenbanken, zu denen wir jetzt kommen.

**3.** Nachdem Sie unsystematisch bibliographiert und im Bibliothekskatalog recherchiert haben, bleibt Ihnen nun noch die wichtige ergänzende Feinarbeit. Etliche einschlägige Titel können Ihnen nämlich bisher entgangen sein: Werke, die in den von Ihnen ausgewerteten Literaturverzeichnissen aus welchen Gründen auch immer fehlen; Bücher, die nicht im Onlinebibliothekskatalog verzeichnet sind, weil die rückwirkende Katalogisierung noch nicht abgeschlossen ist (viele Onlinebibliothekskataloge haben noch zeitliche Lücken; sehen Sie auf der jeweiligen Homepage nach oder erkundigen Sie sich vor Ort); und schließlich fehlen Ihnen vermutlich Aufsätze, denn diese sind ja im Bibliothekskatalog zumeist nicht verzeichnet. Entscheidend ist deswegen vor allem, dass Sie die Lücke, für die Sie noch keine Informationen über Aufsätze haben, bibliographisch sehr sorgfältig schließen; das ist vor allem die Zeit ab dem aktuellsten Literaturverzeichnis, das Sie ausgewertet haben.

Die skizzierten Lücken können und müssen Sie füllen, indem Sie **systematisch bibliographieren**, d.h. **Bibliographien** auswerten. Man unterscheidet zwischen Spezialbibliographien, die nur die Literatur zu einem bestimmten Themenkomplex enthalten, und Allgemeinbibliographien, die es für einzelne Fächer – auch für Geschichte – gibt, aber auch übergreifend für alle denkbaren Wissenschaftsbereiche. Darüber hinaus ist zu differenzieren zwischen abgeschlossenen, statischen Bibliographien, welche die Literatur bis zu einem bestimmten Stichdatum erfassen, dann geschlossen und gedruckt werden, und periodisch erscheinenden, dynamischen Bibliographien, die meist die innerhalb eines Berichtsjahres neu auf den Markt gekommenen Titel verzeichnen. Bei der abgeschlossenen Bibliographie müssen Sie bedenken, dass sie nicht aktueller sein kann als das Stichjahr der Auswertung. Bei den periodisch erscheinenden Bibliographien müssen Sie alle in Frage kommenden Jahrgänge auswerten. Die traditionelle Publikationsform für Bibliographien ist das gedruckte Buch; seit dem Siegeszug des Internets werden allerdings mehr und mehr Bibliographien online angeboten. Das erleichtert die Recherchearbeit gewaltig, außerdem sind diese Bibliographien leichter aktuell zu halten.

**Spezialbibliographien** liegen zu zahlreichen Themengebieten vor, es ist ganz und gar unmöglich, sie hier auch nur annähernd vollzählig aufzuführen. Eine wichtige Orientierungshilfe bietet das schon erwähnte Bücherverzeichnis von Winfried Baumgart, in dem eine ganze Reihe von Spezialbibliographien verzeichnet ist.[6] Außerdem können Sie Bibliographien natürlich auch über den Bibliothekskatalog ermitteln. Wenn Sie beispielsweise zur deutsch-deutschen Frage nach 1945 arbeiten und in das Schlagwortfeld *Bibliographie Deutsche Frage* eingeben, finden Sie die u.a. von Albrecht Tyrell und anderen bearbeitete Bibliographie zur Deutschlandpolitik.

Ein mit der Spezialbibliographie verwandtes Findmittel ist die so genannte **Quellenkunde**. Quellenkunden verzeichnen und kommentieren gedruckte Quellenwerke zu einer Epoche oder einem Themengebiet. Sie erleichtern die Suche nach passenden Quellen ungemein. Bekannt sind insbesondere die vielbändige Reihe *Deutschlands Geschichtsquellen im Mittelalter*, die nach ihrem Begründer Wilhelm Wattenbach im Fachjargon „der Wattenbach" genannt wird,[7] sowie die von Winfried Baumgart herausgegebene siebenbändige *Quellenkunde zur deutschen Geschichte der Neuzeit*, die seit 2005 auch in einer erweiterten und neubearbeiteten Form als CD-ROM vorliegt.[8]

Auch die Zahl der **Allgemeinbibliographien** ist zu groß, um sie hier auch nur einigermaßen vollzählig vorzustellen, wir beschränken uns deshalb auf einige besonders wichtige. Generell gilt: Für Ihre Re-

---

6 Baumgart: Bücherverzeichnis (wie Fußnote 4), S. 22-34.

7 Die Reihe wurde im 19. Jahrhundert begründet und umfasst eine Vielzahl von Bänden, die aufgeführt sind ebd., S. 121f. Beispielhaft genannt sei hier nur die Ausgabe Wilhelm Wattenbach, Franz-Josef Schmale: Deutschlands Geschichtsquellen im Mittelalter. Vom Tode Heinrichs V. bis zum Ende des Interregnums, bearb. von Franz-Josef Schmale unter Mitarb. v. Irene Schmale-Ott und Dieter Berg. Bd. 1. Darmstadt 1976.

8 Quellenkunde zur deutschen Geschichte der Neuzeit von 1500 bis zur Gegenwart, hrsg. von Winfried Baumgart. 7 Bde. Darmstadt 1977-2003. CD-ROM: Darmstadt 2005.

cherche nützlich sind vor allem jene Bibliographien, die mittlerweile nicht nur gedruckt vorliegen, sondern auch als Datenbank online auswertbar sind. Der Zugang zu den verschiedenen Onlinebibliographien ist ganz unterschiedlich geregelt und kann sich auch immer wieder ändern. In manchen Fällen können Sie sich von zu Hause auf die Homepage des Anbieters einwählen und völlig ungehindert und – von den Onlinekosten abgesehen – kostenfrei recherchieren. Eine andere Variante ist, dass Sie das Angebot nur auf dem Umweg über Ihre Bibliothek kostenfrei nutzen können und dann meist auch nur von PC-Terminals innerhalb des Bibliotheksnetzes. Wenn Sie das nicht wollen oder können, müssen Sie sich als Kunde anmelden und für die Recherche bezahlen.

Zu den wichtigsten Bibliographien der deutschsprachigen Geschichtswissenschaft zählen die *Jahresberichte für deutsche Geschichte, Neue Folge*, welche die Berlin-Brandenburgische Akademie der Wissenschaften herausgibt.[9] Die Jahresberichte erschließen deutsch- und fremdsprachige Veröffentlichungen zur deutschen Geschichte von den Anfängen bis zur Gegenwart. Sie enthalten alle Publikationsformen, also sowohl selbständig als auch unselbständig erschienene Literatur. Die Bibliographie erscheint einmal jährlich in Buchform, wobei hier wieder zu bedenken ist, dass der Informationsstand des jeweils aktuellsten Bandes wegen der notwendigen Bear-beitungszeit etwas älter ist. Wichtig zu wissen ist, dass die Jahresberichte auch in einer Onlineversion vorliegen, die unter http://www.jdg-online.de frei zugänglich ist. Diese Datenbank kumuliert die Einträge aus allen Berichtsjahren seit 1974, sie umfasst im Augenblick 465.000 Veröffentlichungen und wird täglich aktualisiert. Wenn Sie ein Thema zur deutschen Geschichte bearbeiten, führt an den Jahresberichten kein Weg vorbei, denn sie erschließen auf schnellstem und einfachstem Weg Bücher und Aufsätze der vergangenen rund 35 Jahre.

Die Onlinebibliographie wird zudem immer wieder erweitert. So wurden in den Jahren 2001 bis 2003 die Jahresberichte der Zwischenkriegszeit (1925 bis 1938) digitalisiert und zugänglich gemacht. Hier wie bei allen anderen Datenbanken gilt natürlich, dass Sie die gefundenen Titel nun erst noch in Ihren Bibliothekskatalog eingeben müssen, um Sie bestellen oder auffinden zu können. Dabei

---

9 Jahresberichte für deutsche Geschichte, Neue Folge, hrsg. von der Berlin-Brandenburgischen Akademie der Wissenschaften. Berichtsjahre 1949ff. Berlin 1952ff.

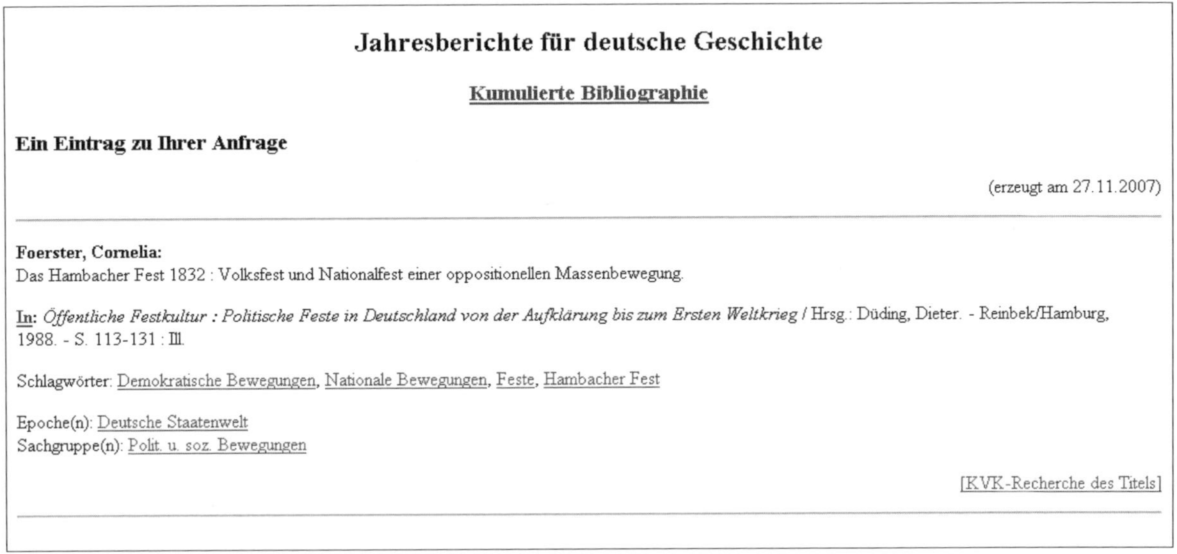

**Jahresberichte für deutsche Geschichte**

**Kumulierte Bibliographie**

**Ein Eintrag zu Ihrer Anfrage**

(erzeugt am 27.11.2007)

**Foerster, Cornelia:**
Das Hambacher Fest 1832 : Volksfest und Nationalfest einer oppositionellen Massenbewegung.

In: *Öffentliche Festkultur : Politische Feste in Deutschland von der Aufklärung bis zum Ersten Weltkrieg* / Hrsg.: Düding, Dieter. - Reinbek/Hamburg, 1988. - S. 113-131 : Ill.

Schlagwörter: Demokratische Bewegungen, Nationale Bewegungen, Feste, Hambacher Fest

Epoche(n): Deutsche Staatenwelt
Sachgruppe(n): Polit. u. soz. Bewegungen

[KVK-Recherche des Titels]

Abb. 2: Ergebnismaske der Jahresberichte für deutsche Geschichte bei einer Recherche zum Hambacher Fest (über http://www.jdg-online.de)

sei noch einmal daran erinnert, dass Sie in aller Regel **Aufsätze nicht im Bibliothekskatalog** finden, sondern lediglich die Zeitschrift oder den Sammelband, wo der Aufsatz publiziert worden ist. Sie müssen also beim Transfer Ihrer Rechercheergebnisse entsprechend umdenken. Im konkreten Beispiel (Abb. 2) liefert eine Recherche zum Stichwort *Hambacher Fest* unter anderem einen Beitrag von Cornelia Foerster, den sie in einem von Dieter Düding und anderen herausgegebenen Sammelband publiziert hat. Falls Sie diesen Aufsatz Foersters lesen wollen, müssen Sie sich logischerweise das Sammelwerk besorgen und daher in die Suchmaske des Bibliothekskatalogs Stichworte aus dessen Titel (z.B. *Öffentliche Festkultur*) und / oder den ersten der drei Herausgeber (*Dieter Düding*) eingeben.
Einen ähnlichen Zuschnitt hat die *Historische Bibliographie*, welche die *Arbeitsgemeinschaft historischer Forschungseinrichtungen in der Bundesrepublik Deutschland* (*AHF*) herausgibt.[10] Auch hier werden alle Publikationsformen berücksichtigt. Die *Historische Bibliographie* erschließt indes neben der deutschen Geschichte von den Anfängen bis zur Gegenwart auch die außerdeutsche Geschichte. Aber nicht nur das thematische Spektrum, sondern auch die Auswertungsbasis weicht von jener der *Jahresberichte für deutsche Geschichte* ab, deshalb lohnt sich durchaus auch bei der Recherche zu deutschen Themen ein Blick in beide Bibliographien. Die *Historische Bibliographie* erscheint seit 1986 einmal jährlich in Buchform und ist darüber hinaus auch als Datenbank verwendbar. Die Onlineversion umfasst augenblicklich den kumulierten Datenbestand seit 1990 (über 300.000 Einträge) und wird fortlaufend um die neuesten Titel erweitert. Sie wirken auch bei dem im Aufbau begriffenen Projekt *European Historical Bibliographies* mit, einem Verbund von momentan 15 historischen Bibliographien, die einmal eine gemeinsame, länderübergreifende Datenbasis für die historische Forschung zur Verfügung stellen wollen. Bis es so weit ist, kann man über die Startseite des Projekts http://www.histbib.eu rasch zu den angeschlossenen Bibliographien gelangen.

Die *Jahresberichte für deutsche Geschichte* und die *Historische Bibliographie* sind für das Fach Geschichte die zentralen deutschen Bibliographien.

Darüber hinaus gibt es zahlreiche Regionalbibliographien, wie die *Bayerische Bibliographie* (http://www.bayerische-bibliographie.de),

[10] Historische Bibliographie, hrsg. von der Arbeitsgemeinschaft historischer Forschungseinrichtungen in der Bundesrepublik Deutschland. Berichtsjahre 1986ff. München 1987ff.

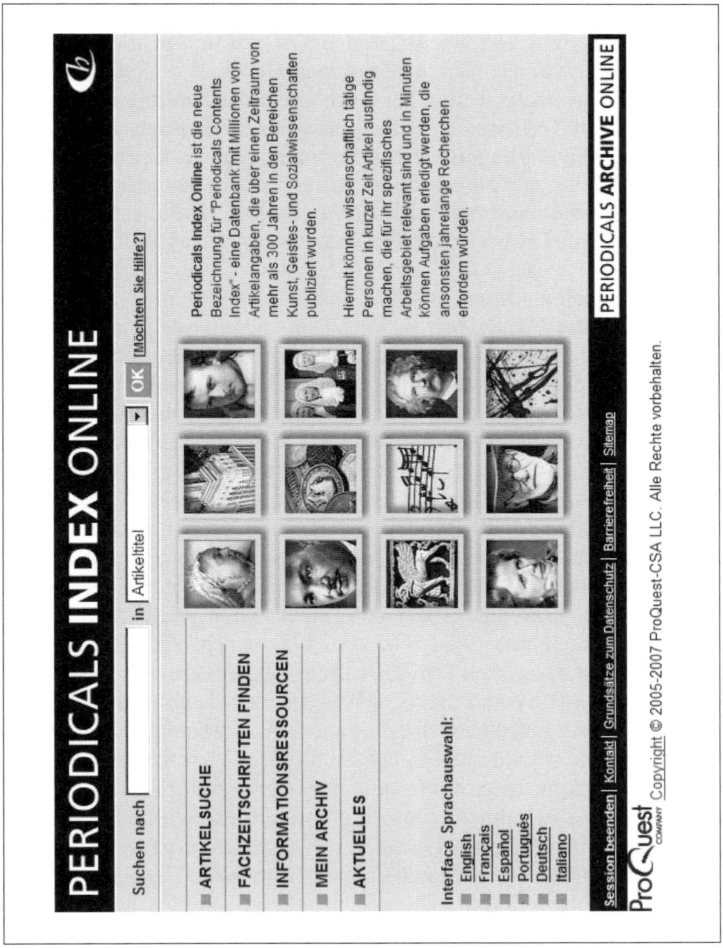


Abb. 3: Startseite der Datenbank Periodicals Index Online (PIO) (http://pio.chadwyck.co.uk)

und natürlich auch nationale Bibliographien anderer Staaten; eine Zusammenstellung der wichtigsten liefert das schon mehrfach erwähnte *Bücherverzeichnis zur deutschen Geschichte*. Außerdem haben viele historische Teilfächer noch spezielle Bibliographien, die ebenfalls zum Teil bereits online verfügbar sind. Dazu zählen beispielsweise die Bibliographie des Rezensionsorgans *Gnomon. Kritische Zeitschrift für die gesamte klassische Altertumswissenschaft* oder die *International Medieval Bibliography*.[11] Darüber sollten Sie sich jeweils vor Ort bei Ihrem Dozenten oder in der Bibliothek beraten lassen.

Ein Schwachpunkt der von den *Jahresberichten für deutsche Geschichte* und der *Historischen Bibliographie* bereitgestellten Datenbanken ist, dass sie nur bis in die 1970er Jahre zurückreichen. Während dieses Defizit bei selbständig erschienenen Titeln (Monographien etc.) durch die Bibliothekskataloge ausgeglichen wird, bleiben Ihnen ältere Aufsätze so verborgen. Hier hilft die Datenbank *Periodicals Index Online (PIO)* (Abb. 3). Dieser weltweit umfassendste Zeitschriften-Index seiner Art ermöglicht die Recherche in über 6.000 Zeitschriftentiteln mit mehr als 19 Millionen Artikeln, Literaturberichten und Rezensionen aus den Geistes- und Sozialwissenschaften; augenblicklich wächst die Datenbank jährlich um etwa eine Million Titel. Gegenwärtig sind 350 Zeitschriftentitel sogar in Volltextversion greifbar. Die abgedeckte Zeitspanne reicht von 1665 bis 1995, manche Zeitschriften sind nur bis 1990 ausgewertet. Der kostenfreie Zugriff ist in der Regel über das jeweilige UB-System möglich. Wer das nicht kann oder will, kann eine kostenlose Einzelnutzerlizenz erwerben. Zuständig dafür ist die Universitätsbibliothek Frankfurt am Main (http://www.nationallizenzen.de/anmeldung/privatpersonen/s/ind_inform_registration).

Vorzustellen ist schließlich noch die traditionsreiche *Internationale Bibliographie der geistes- und sozialwissenschaftlichen Zeitschriftenliteratur* (*IBZ*), die wichtigste fachübergreifende Bibliographie im deutschsprachigen Raum. Die *IBZ* erscheint – unter leicht unterschiedlichen Titeln – seit 1897, sie berücksichtigt internationale, interdisziplinäre wissenschaftliche Zeitschriftenbeiträge.[12] Aktuell ist die kostenpflichtige Onlineversion (über http://www.reference-global.com).

---

[11] International Medieval Bibliography, hrsg. von Alan V. Murray. Leeds 1968ff.

[12] Internationale Bibliographie der geistes- und sozialwissenschaftlichen Zeitschriftenliteratur, hrsg. von Wolfram Zeller. Berlin u.a. 2000-2009. Vorgängerversionen 1897-1999.

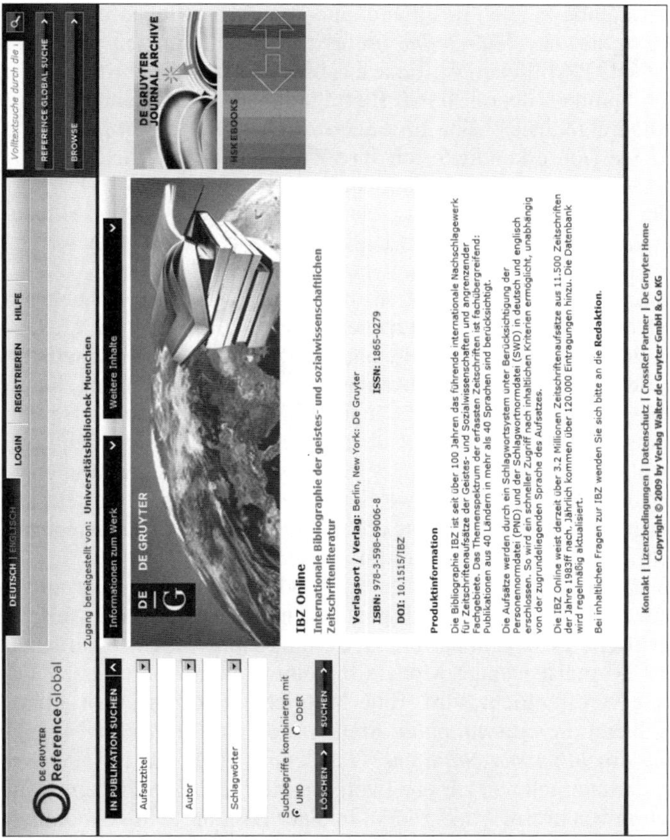


Abb. 4: Recherchemaske der IBZ (über http://www.reference-global.com)

Der Datenbestand ist riesig und unterstreicht die Bedeutung dieser Bibliographie: Die *IBZ-Online* umfasst den Zeitraum seit 1983, sie weist über 3,3 Millionen Aufsätze aus über 11.000 Zeitschriften nach; jährlich kommen über 120.000 Einträge hinzu. Die Datenbank wird monatlich aktualisiert. Wie im Falle der *Historischen Bibliographie* sollten Sie sich erkundigen, ob Ihre Universitätsbibliothek eine Lizenz auf die Online- oder die halbjährlich aktualisierte CD-ROM-Version der *IBZ* erworben hat, was sehr häufig der Fall ist. Dann können Sie die *IBZ* kostenfrei über das Universitätsnetz nutzen (Abb. 4).

**4.** Am Ende des Bibliographierens bleibt der Feinschliff: Je nachdem für welchen Zweck Sie Literatur suchen, haben Sie noch mehrere Optionen. In jedem Fall ratsam ist ein Streifzug durch die **aktuellsten Hefte der für Ihr Thema einschlägigen Fachzeitschriften**. Nur so entgehen Sie der Gefahr, dass Ihnen ein neu erschienener Beitrag durch die Lappen geht, den die oben erwähnten Bibliographien noch gar nicht erfassen konnten. Am besten lässt sich diese Arbeit in einer Präsenzbibliothek erledigen, wo Sie die Zeitschriften alle direkt am Regal finden. Manche Bibliotheken verfügen auch über einen eigenen Zeitschriftenlesesaal, den Sie dafür nutzen können.

Um die Literaturtitel, die Sie verwenden, besser einschätzen zu können, empfiehlt sich ein Blick in Rezensionen. Eine Rezension ist eine kritische Besprechung und Bewertung eines wissenschaftlichen Werks, die meist wenige Monate bis einige Jahre nach dessen Erscheinen veröffentlicht wird. Eine Möglichkeit Rezensionen aufzuspüren bietet die *Internationale Bibliographie der Rezensionen geistes- und sozialwissenschaftlicher Literatur* (*IBR*). Sie ist eine Art Schwesterunternehmen zur eben vorgestellten *IBZ*. Die *IBR* erscheint jährlich in Buchform[13] und zudem in einer kostenpflichtigen Onlineversion (über http://www.reference-global.com), die den Zeitraum seit 1985 abdeckt, bis dato über 1,2 Millionen Nachweise enthält und monatlich aktualisiert wird. Sie weist interdisziplinäre, internationale Rezensionen nach. Auch im Falle der *IBR* sollten Sie sich erkundigen, ob Ihre Universitätsbibliothek eine Lizenz erworben hat, so dass Sie über das Universitätsnetz kostenfrei recherchieren können. Immer häufiger werden Rezensionen auch online veröffentlicht. Sie aufzuspüren hilft die vom Fachportal *Clio-online* eingerichtete

---

[13] Internationale Bibliographie der Rezensionen geistes- und sozialwissenschaftlicher Literatur, hrsg. von Wolfram Zeller. München 1999-2009. Vorgängerversionen 1900-1998.

Suchmaschine (http://www.clio-online.de/rezensionen). Sie weist die einschlägigen Besprechungen nicht nur nach, sondern bietet einen direkten Zugang zu den jeweiligen Rezensionen.

In einer fortgeschrittenen Phase Ihres Studiums kann es zudem ratsam sein, sich darüber zu informieren, ob zu einem bestimmten Thema in nächster Zeit Veröffentlichungen anstehen werden; ganz zentral ist das insbesondere bei Dissertationen und Habilitationen, zumindest empfehlenswert ist es auch bei Examensarbeiten. Dafür gibt es seit 1974 das jährlich erscheinende *Jahrbuch der historischen Forschung*.[14] Herausgeber ist die Arbeitsgemeinschaft historischer Forschungseinrichtungen in der Bundesrepublik Deutschland (AHF), die auch für die *Historische Bibliographie* verantwortlich ist. Das *Jahrbuch* verzeichnet, zu welchen Themen es Forschungsvorhaben gibt, wer sie bearbeitet, welche Art von Publikation beabsichtigt ist (z.B. Aufsatz oder Habilitation) und in welchem Bearbeitungsstand sich das entstehende Werk befindet. Das *Jahrbuch der historischen Forschung* ist seit 2003 mit der bereits vorgestellten Datenbank der *Historischen Bibliographie* verbunden und umfasst annähernd 10.000 Titel. Sie können also mit einer Onlinesuche gleichzeitig beide Verzeichnisse erfassen.

---

[14] Jahrbuch der historischen Forschung in der Bundesrepublik Deutschland, hrsg. von der Arbeitsgemeinschaft historischer Forschungseinrichtungen in der Bundesrepublik Deutschland. Stuttgart 1974-1981, München 1982ff.

# 3. Literatur und Quellen gewinnbringend lesen

Wie Sie Literatur und Quellen finden können, und welche Klippen es dabei zu umschiffen gilt, wissen Sie jetzt. Um die Fülle an Lesestoff etwa zunächst für ein Referat und später für eine schriftliche Hausarbeit auszuwerten, um sich Wesentliches zu merken und es sich für spätere Prüfungen schnell wieder in Erinnerung rufen zu können, müssen Sie die ermittelte Literatur nun systematisch und zielorientiert lesen. Auch wenn dies Spaß machen darf und soll, heißt das: Wissenschaftliches Lesen unterscheidet sich grundlegend von der Romanlektüre im Sessel (unterhaltendes Lesen) oder dem Zeitungslesen am Frühstückstisch (informatives Lesen), denn es muss Methode haben, es ist zeitaufwendig und mühsam. Gewöhnen Sie sich schon von Beginn Ihres Studiums daran, am Schreibtisch zu lesen, sei es zu Hause oder in der Bibliothek. Denn zum gründlichen wissenschaftlichen Lesen gehört das Schreiben unbedingt dazu. Und weil das Geschichtsstudium eben ein Lesestudium ist, fügen wir gleich noch einen weiteren Tipp an: Reservieren Sie in Ihrem Semesterstundenplan ausreichend Zeit für die tägliche wissenschaftliche Lektüre – es wird sich lohnen!

Gewiss kann es hin und wieder auch hilfreich sein, ohne vorab definierte Absichten zu lesen, aber grundsätzlich gilt, dass am Anfang Ihres Lesens **eine Fragestellung / ein Erkenntnisinteresse** stehen muss. Fragestellung und Erkenntnisinteresse sind zentrale Elemente Ihres gesamten Geschichtsstudiums, und wir werden deshalb in den Kapiteln über Methodenfragen, über das Referat und über die Hausarbeit aus anderer Perspektive noch einmal darauf zurückkommen. Das Formulieren einer Ihrem Thema angemessenen Fragestellung ist zumal am Beginn eines geschichtswissenschaftlichen Studiums sicher nicht leicht, aber viele Dozenten helfen Ihnen, indem sie etwa für die ersten Sitzungen Leitfragen für die gemeinsame Textgrundlage vorgeben. Wir wollen an dieser Stelle nicht verschweigen, dass Ihnen gelegentlich auch eine andere Vorgehensweise vorgeschlagen wird, die uns allerdings für Studienanfänger nur wenig geeignet erscheint. Danach sollen Sie zunächst möglichst viel lesen, vom Handbuchartikel über spezielle Studienliteratur und Überblicksaufsätze bis hin zu den Beiträgen anderer Fächer, ehe Sie überhaupt eine eigene Fragestellung entwickeln.[15] Also noch einmal unser Standpunkt: Sie sollten sich – in Absprache mit Ihrem Dozenten – damit vertraut machen, Fragen an Texte zu richten, denn so abgedroschen es klingen mag: Übung macht auch hier den Meister.[16]

Das kann nun selbstverständlich nicht heißen, dass Sie eine Fragestellung aufs Geratewohl hin erfinden – ohne jede Rückbindung an die Literatur. Sie können aber sehr wohl bereits nach einem vorläufigen Überblick oder nach der Lektüre der ersten einschlägigen Aufsätze und Bücher Fragen entlang markanter Forschungskontroversen stellen, zumal in Ihren einführenden Seminaren noch keine Thesen erwartet werden, die bis in die feinsten Verästelungen der geschichtswissenschaftlichen Forschung vordringen.

Das wollen wir Ihnen an zwei Beispielen erläutern: Wenn Sie sich etwa mit Grundproblemen der Kanzlerschaft Bernhard von Bülows (1900-1909) im Deutschen Kaiserreich befassen, dann halten wir es für nahe liegend, danach zu fragen, ob es in dieser Phase zu einer Parlamentarisierung des Reiches kam. Über diese Frage wird nämlich seit den 1970er Jahren in der geschichtswissenschaftlichen Forschung intensiv und teilweise verbissen gestritten. Sie können dann auf Grundlage zentraler Literatur zu diesem Thema die Argumente der Kontrahenten gegeneinander abwägen, einschlägige Quellen heranziehen und anschließend zu einem eigenen Urteil gelangen. Auch ein Referat über die säkulare Auseinandersetzung zwischen geistlicher und weltlicher Macht im Hochmittelalter lässt sich fokussieren auf die in der mediävistischen Forschung viel diskutierte Leitfrage, ob der Gang Heinrichs IV. nach Canossa (1077) auf dem Gipfel des Investiturstreites als epochale Zäsur im Verhältnis von Kirche und weltlicher Herrschaft zu betrachten sei. Diese anfangs eher groben Frageraster sollten Sie im Laufe Ihres Studiums dann selbstverständlich verfeinern. Das Verfahren, von Beginn an Fragestellungen zu entwickeln,

---

[15] Diese Position finden Sie etwa in dem von Rudolf Schlögl verfassten Abschnitt „Lesen“ der webbasierten Einführung in das Studium der Neueren und Neuesten Geschichte an der Universität Konstanz. Adresse: http://www.uni-konstanz.de/FuF/Philo/Geschichte/Tutorium.

[16] Um sich Texte gut merken zu können, empfiehlt Ihnen nahezu jeder brauchbare Lernratgeber die so genannte „SQ3R-“ oder „5-Schritt-Methode“ (survey, question, read, recite, review = Überblick verschaffen, fragen, lesen, antworten, kontrollieren). Da wir aber in erster Linie das Lesen im Blick haben, hier nur ein Literaturtipp zum Vertiefen: Stephan Becher: Schnell und erfolgreich studieren. Organisation – Zeitmanagement – Arbeitstechniken. 3., aktual. Aufl. Eibelstadt 2008.

erfüllt nicht nur den Übungszweck, sondern besitzt zugleich den großen Vorteil, dass Sie offene Forschungsfragen und auch die Fragestellungen von Autoren nach und nach leichter identifizieren können.

Wenn Sie ein Referat oder eine Hausarbeit vorbereiten, kann es nicht darum gehen, dickleibige Dissertationen oder Habilitationen, die sich in aller Regel mit Spezialproblemen beschäftigen, von Anfang bis Ende vollständig zu lesen. Schon eher lesen Sie für Ihr Thema einschlägige Aufsätze komplett durch. Sie sollten sich zunächst darüber klar werden, was sie erwartet: Dissertationen und Habilitationen liefern neue Erkenntnisse zu einem eng abgesteckten Thema sowie eine solide Zusammenschau der Literaturlage und des Forschungsstandes; Aufsätze sind unterschiedlich angelegt, manche bündeln Forschungsergebnisse, manche stecken ein neues Forschungsfeld ab, und wieder andere behandeln ein Detailproblem. Umfangreiche wissenschaftliche Darstellungen sollten Sie lediglich **konsultieren und selektiv lesen** – immer mit Blick auf Ihre Fragestellung oder Ihr Erkenntnisinteresse. Gelegentlich finden Sie dafür auch die Bezeichnung diagonales Lesen. Das fängt aber den Lesevorgang in unseren Augen nicht treffend genug ein, da Sie ja den Text nicht wirklich diagonal lesen, sondern ihn vielmehr nach Schlüsselbegriffen absuchen.[17] Wissenschaftliches Lesen besteht also zu einem Großteil aus der Fertigkeit, in kurzer Zeit aus einer Literaturfülle die relevanten Informationen zusammenzutragen und zugleich den übergeordneten Zusammenhang (etwa das Seminarthema) nicht zu vernachlässigen. Das erfordert viel Übung und damit viel Lesen und eben durchaus auch wiederholende Lektüre ein und desselben Textes. Übrigens: Haben Sie erst einmal verinnerlicht, dass Sie über weite Strecken Ihres Studiums ausschließlich selektiv lesen, dann wird Ihnen so manch ellenlange Seminarliteraturliste weit weniger abschreckend erscheinen als zuvor.

Für dieses selektive Lesen bieten Ihnen Texte diverse, auf den ersten Blick recht banale Hilfestellungen, die Sie aber nicht gering schätzen sollten.[18] Erste Aufschlüsse über das, was Sie erwartet, liefern neben dem **Autor** (der gegebenenfalls bereits mehrere Publikationen zu Ihrem Thema vorgelegt hat) natürlich der **Titel** und der in aller Regel

---

[17] Etwa bei Ernst Opgenoorth und Günther Schulz: Einführung in das Studium der Neueren Geschichte. 7., vollständig neu bearb. Aufl. Paderborn u.a. 2010, hier: S. 393.

[18] Vgl. zum Folgenden Norbert Franck: Fit fürs Studium. Erfolgreich reden, lesen, schreiben. München [9]2008, S. 34-36.

präzisierende **Untertitel**. *Der lange Weg nach Westen* lautet der Titel einer im Jahr 2000 von Heinrich August Winkler verfassten Untersuchung. Das ist sehr vage und lässt möglicherweise an eine Geschichte der amerikanischen Frontierbewegung denken. Erst der Untertitel *Erster Band: Deutsche Geschichte vom Ende des Alten Reiches bis zum Untergang der Weimarer Republik* verdeutlicht, dass es sich um den ersten Teil (der zweite erschien dann ein Jahr später) einer Überblicksdarstellung zur deutschen Geschichte des 19. und 20. Jahrhunderts handelt.

Darüber hinaus müssen Sie auf Erscheinungsjahr, Auflage, Erscheinungsort, Verlag und gegebenenfalls auf die Reihenangabe achten. All diese Angaben finden Sie im Impressum eines Buches (von lat. impressum = das Eingedrückte; in aller Regel auf der Rückseite des Titelblattes). **Erscheinungsjahr sowie Auflage** erlauben jeweils Aufschlüsse über die Aktualität des zu Lesenden. Da Bücher aktualisiert (üblicherweise abgekürzt mit: aktual.), durchgesehen (durchges.), ergänzt (erg.), erweitert (erw.), korrigiert (korr.), revidiert (revid.), überarbeitet (überarb.), verbessert (verb.) oder vermehrt (verm.) werden können, sollten Sie immer zur neuesten Auflage greifen. Sie laufen ansonsten Gefahr, bereits überholte Thesen zu lesen, neueste Diskussionen zu verpassen und damit Zeit zu verlieren. Bei dem Büchlein, das Sie gerade lesen, handelt es sich z.B. um die 5., aktual. Auflage. Ziehen Sie ein übersetztes Werk heran, dann ist das Jahr der Erstveröffentlichung ausschlaggebend, denn häufig vergehen viele Jahre, bis ein wissenschaftliches Buch übersetzt wird. **Erscheinungsort, Verlag und wissenschaftliche Reihe** geben einen ersten Eindruck über die Zielgruppe oder die methodische und zuweilen auch politische Ausrichtung einer Publikation: Ist ein Aufsatz in einer lokalgeschichtlichen oder aber einer überregionalen Zeitschrift des Faches erschienen, wie etwa in der *Historischen Zeitschrift* (*HZ*) oder in *Geschichte in Wissenschaft und Unterricht* (*GWU*)? Gehört ein Buch zu einer renommierten Reihe oder nicht? Handelt es sich um einen politisch fragwürdigen oder um einen anerkannten wissenschaftlichen Fachverlag?

Von zentraler Bedeutung für Ihr selektives Lesen sind sodann Inhaltsverzeichnis, Register, Einleitung und Zusammenfassung. Das Inhaltsverzeichnis informiert Sie über den Aufbau und die Schwerpunkte eines Buches. Orts-, Personen- und Sachregister helfen Ihnen bei der Suche nach den grundlegenden Begriffen. Anhand von **Inhaltsverzeichnis und Registern** sollten Sie entscheiden, welche Passagen oder Kapitel Sie gründlich und welche Sie lediglich selektiv (mit Blick auf bestimmte Schlüssel- oder Signalwörter) lesen. In der Einleitung eines Buches oder im ersten Abschnitt eines Aufsatzes stellt der Verfasser üblicherweise seine eigene Fragestellung vor, verdeutlicht seine Ziele und Vorgehensweise, gibt einen Forschungsüberblick und nennt die Quellen, auf denen seine Argumentation fußt. Hier finden Sie jene neuen Fragen, die im Gang der Untersuchung beantwortet werden sollen. Abschließend fasst der Verfasser seine Ergebnisse nochmals zugespitzt zusammen und ordnet sie auch in größere Bedeutungszusammenhänge ein, weshalb sich bei der Lektüre von **Einleitung und Schluss** für Sie der Bedeutungshorizont der Fragestellung erschließt. Auch bei selektiver Lektüre sollten Sie nicht darauf verzichten, Einleitung und Zusammenfassung von zentralen Werken sorgfältig zu lesen, weil Sie damit zugleich Anhaltspunkte gewinnen, wie Sie selbst Ihre Fragestellung in einen übergeordneten Kontext – beispielsweise in den des Seminarthemas – einfügen können. Freilich werden Ihnen auch Monographien begegnen, bei denen der Schluss und manchmal sogar die Einleitung fehlen. Solche Werke sollten Sie sich nicht zum Vorbild nehmen.

Bleiben schließlich noch die **Fußnoten** sowie im Falle eines Buches auch das **Literaturverzeichnis**. Nicht die Menge der in den Fußnoten und im Literaturverzeichnis genannten Titel ist das Gütesiegel, sondern deren Vielfältigkeit und wissenschaftliche Breite, denn es gibt Literatur- und Faktengräber, deren Erkenntnisgewinn gegen Null tendiert, aber durchaus auch bahnbrechende Untersuchungen, die auf ganz wenig Vorarbeiten aufbauen. Für Sie ist der Blick in Fußnoten und Literaturverzeichnis vor allem deshalb so wichtig, weil Sie hier Hinweise auf weitere (zum Teil ältere) Literatur und auch zusätzliche Quellen finden, die Ihnen allen gründlichen Bibliographierens zum Trotz möglicherweise entgangen sind. Bedenken müssen Sie schließlich noch, dass Ihre Fragestellung in den allermeisten Fällen nicht deckungsgleich mit der des Verfassers eines Buches oder Aufsatzes sein wird. Deswegen kann es natürlich sein, dass für Sie einschlägige Zusammenhänge quasi nur nebenbei in Fußnoten behandelt werden oder dort knapp auf die für Sie wichtige Literatur verwiesen wird.

Wissenschaftliches Lesen ist darauf angelegt, auf zwei Ebenen Erkenntnisse zu sammeln: auf der Ebene der **Fakten** und auf der Ebene der **Forschung**. Nicht immer bieten Ihnen Aufsätze oder Bücher eine derart offenkundige Trennung in Darstellungs- und Forschungsteil wie dies bei den beiden im Kapitel 2 bereits charakterisierten Oldenbourg-Reihen *Grundriss der Geschichte* sowie *Enzyklopädie Deutscher Geschichte* der Fall ist. Vielmehr sind Fakten, Forschungspositionen und Thesen von Autoren oftmals untrennbar miteinander verwoben; Wertungen sind gelegentlich sogar versteckt und Thesen anderer auch nicht immer mit Fußnoten belegt.

Im optimalen Fall sollte Ihr wissenschaftliches Lesen zu einem Paradoxon führen: Ihre Lektüre muss Sie hineinführen in eine geschichtswissenschaftliche Debatte über einen Gegenstand, und sie muss Sie gleichzeitig dazu befähigen, sich von dieser Debatte zu distanzieren, um eine eigene Position zu entwickeln. Das heißt, dass Sie unvoreingenommen und kritisch zugleich lesen müssen. Dies ist sicher nicht leicht, lässt sich aber mit einiger Übung in zwei Schritten bewerkstelligen. Erstens: Geben Sie das Gelesene korrekt wieder. Dazu ist es wichtig, dass Sie festhalten, was Erkenntnisinteresse und Ziele des Autors sind. Zweitens: Erst anschließend sollten Sie das Gelesene einem kritischen Blick unterziehen und Wertungen vornehmen: Waren Erkenntnisinteresse und Fragestellung wichtig? War die Vorgehensweise plausibel? Sind alle Urteile und Thesen korrekt belegt? Hat der Autor seine Ziele erreicht und sinnvoll in einen größeren Forschungszusammenhang eingeordnet? Vermissen Sie zentrale Literatur zu dem behandelten Thema?

In diesem Zusammenhang erinnern wir Sie an das Bild von dem Gang durch die immer enger werdende Spirale; es soll das methodische Problem des berühmten hermeneutischen Zirkels veranschaulichen: So wie Sie jeder Erkenntnisfortschritt zu neuer Literatur führt oder auch vormals vermeintlich wichtige Literatur unwichtig werden lässt, so ist auch Ihr **Lesen ein Erkenntnisprozess**, der Ihre Fragestellung beeinflusst und verändert. Dieser Prozess lässt Sie auch jeden nachfolgenden Text anders lesen oder aber vorher Gelesenes in einem anderen Licht erscheinen und unter Umständen sogar überflüssig werden. Freilich sollten Sie versuchen, diesen Lernprozess so weit wie möglich zu steuern. Das heißt, nicht nur Schreiben darf Ihr wissenschaftliches Lesen begleiten, sondern Sie müssen Ihre Lektüre auch wiederholt unterbrechen, um – gewissermaßen in einem zweiten, ergänzenden Schritt – die zusammengetragene Stofffülle zu sichten, zu systematisieren und Argumente, die für oder gegen Ihre Thesen sprechen, neu zu gewichten. Erst dann kann Ihnen der Erkenntnisgewinn deutlich vor Augen treten, und sie vermindern auch die Gefahr, sich in den weit verästelten Forschungsdiskussionen zu verlieren.

Weil es so wichtig ist, wiederholen wir noch einmal, was wir am Beginn dieses Kapitels bereits formuliert haben: Wissenschaftliches Lesen muss Methode haben, und es ist untrennbar mit Schreiben verwoben. Schon nach kurzer Zeit haben Sie ansonsten einen Großteil der gelesenen Informationen wieder vergessen.[19] Sie sind also zwingend darauf ange-

19 Vgl. Otto Kruse: Keine Angst vor dem leeren Blatt. Ohne Schreibblockaden durchs Studium. 12., völlig neu bearb. Aufl. Frankfurt/M., New York 2007, S. 179-186.

wiesen, sich eine Technik anzueignen, mit der Sie sich einmal Gelesenes schnell und zuverlässig wieder in Erinnerung rufen können. Egal, welche Verfahrensweise sie bevorzugen, Sorgfalt ist dabei das oberste Gebot, denn Sie müssen sich auf jeden Fall darauf verlassen können, dass notierte Paraphrasen, Zitate und Seitenangaben auch exakt stimmen. Warum es so wichtig ist, wörtliche Übernahmen sorgfältig zu kennzeichnen und immer auch die Seitenangaben der Fundstellen festzuhalten, erläutern wir Ihnen in Kapitel 9, in dem es um das Belegen und Zitieren geht. Wenn Sie Passagen bündeln, dann müssen Sie diese Abschnitte unbedingt in eigene Worte fassen, weil Sie sonst Gefahr laufen, Eigenes und Fremdes nicht mehr auseinanderhalten zu können, und Sie sich somit leicht dem Verdacht eines Plagiats aussetzen. Wir möchten Ihnen nun im Folgenden drei Techniken vorstellen, die es Ihnen gestatten, die Quellen- und Literaturfülle so zu verarbeiten, dass es sich auch nach längerer Zeit noch lohnt, auf einmal angefertigte Notizen zurückzugreifen.

**1.** Nicht nur unter Studienanfängern besteht die gängigste Methode darin, alle wichtig erscheinenden Fakten, Wertungen und Hinweise in kopierten Aufsätzen oder Buchauszügen, ja teilweise auch in Büchern selbst zu markieren, zu unterstreichen oder anzustreichen. Einmal abgesehen davon, dass Sie das allenfalls in eigenen Büchern tun sollten, ist es insgesamt wenig hilfreich, einen Text ohne zusätzliche Anmerkungen in verschiedenen Farben bunt anzumalen. Sofern Sie es nicht schriftlich niederlegen, werden Sie sich schon in kurzer Zeit nicht mehr daran erinnern können, weshalb Sie eine Passage markiert haben, geschweige denn, dass Sie rekonstruieren könnten, welche Farben wofür stehen (zumal die Farben nach längerer Zeit ohnehin verblassen). Wenn Sie sich schon für dieses Verfahren entscheiden, ist es sinnvoll, **wenige Unterstreichungen, zusammenfassende Begriffe** sowie eine **inhaltliche Gliederung** miteinander zu verbinden. Dies bedeutet: Markieren oder unterstreichen Sie nur wirklich substanzielle Passagen, denn in einem bunt gescheckten Text finden sie später die zentralen Sachverhalte nicht mehr wieder und verlieren jede Orientierung. Parallel dazu sollten Sie Inhalt und logischen Aufbau eines Textabschnittes (in aller Regel ein Absatz) erfassen und dokumentieren, indem Sie am Textrand einen Leitbegriff festhalten. Dieser Leitbegriff kann ein Stichwort aus dem Text sein oder auch ein selbst gewählter Begriff, der den Inhalt prägnant zusammenfasst und ihn später schnell wieder ins Gedächtnis ruft. Wir wollen Ihnen dieses Verfahren an einem Beispiel aus dem zweiten Kapitel dieses Buches kurz vorführen, wobei die Unterstreichungen von einem fiktiven Leser stammen sollen:

In der Geschichtswissenschaft trennt man zwischen **Quellen** einerseits und **Literatur** andererseits. Quellen sind nach der schon Jahrzehnte alten, aber bis heute immer wieder zitierten Definition Paul Kirns „alle Texte, Gegenstände oder Tatsachen, aus denen Kenntnis der Vergangenheit gewonnen werden kann." Auch wenn bei den meisten historischen Teildisziplinen Schriftgut im Zentrum steht, geht diese Begriffsbestimmung über Schriftliches zu Recht weit hinaus, denn auch aus Gebäuden, Bildern, Kleidung und vielem mehr kann und muss der Historiker wichtige Informationen gewinnen. Quellen sind entweder unbewusst und unabsichtlich überliefert, dann spricht der Historiker von „Überrest", oder sie sind absichtlich für die Nachwelt tradiert, dann fallen sie in die Rubrik „Tradition". Unterscheidungskriterium ist also nicht die äußere Form, sondern die Zwecksetzung, die mit der Quelle verbunden war. Als Überrest gelten beispielsweise alle Gegenstände des täglichen Bedarfs, Gesetze, Verträge und Urkunden, dienstliche und private Briefe. Zur Tradition zählen etwa Annalen und Chroniken, Memoiren und Autobiographien. Ganz trennscharf ist die Unterscheidung indes nicht: So sind publizistische Quellen kaum einer der beiden Kategorien definitiv zuzuordnen. Außerdem kann eine Traditionsquelle durchaus auch Überrest sein, wenn man nicht den Inhalt der Quelle, sondern die Rahmenbedingungen ihrer Entstehung untersuchen will.

Quellendefinition

Zwei Gruppen:
a) Überrest
b) Tradition

Und noch ein Hinweis zu dieser und auch den anderen Vorgehensweisen: Notieren Sie sich die Fragestellung des Autors und die erwarteten Ergebnisse ganz zu Beginn. Prüfen Sie dann nach der Lektüre, ob sich die Erwartungen erfüllt haben, die der Autor geweckt hat. Mit dem schriftlichen Fixieren der Fragestellung ersparen Sie sich viel unnötige Arbeit, denn wenn Sie für das selektive Lesen keine genauen Kriterien aufstellen, müssen Sie später alles mühsam nochmals lesen. Sie können die leitenden Gesichtspunkte Ihrer Lektüre dann ja nicht mehr ohne weiteres rekonstruieren.

**2.** Die Grenzen des zuvor beschriebenen Verfahrens liegen auf der Hand: Sie können im Laufe Ihres Studiums nicht sämtliche Bücher und Aufsätze kaufen oder kopieren, um sie dann anzustreichen und hineinzuschreiben. Deshalb werden Sie früher oder später ohnehin beginnen müssen, Texte zu **exzerpieren** (von lat. excerpere = herausklauben, auslesen). Auch bei diesem Verfahren geht es darum, die wesentlichen Inhalte und Wertungen eines Textes festzuhalten. Das kann auf unterschiedliche Weise geschehen. Vor allem aber sollten Sie längere Zitate aus der Vorlage herausschreiben, Textteile paraphrasieren – also in eigenen Worten zusammenfassen – und auch kritische Bemerkungen aufnehmen. Als Zitate eignen sich insbesondere für ihre Fragestellung zentrale Aussagen oder Thesen, Definitionen grundlegender Begriffe oder einfach außergewöhnlich treffende Formulierungen. Ordnen Sie den gelesenen Text in jedem Fall in Ihre Fragestellung ein, etwa indem Sie sich folgende Fragen stellen: Welche für mich einschlägigen Aspekte behandelt er? In welchem Verhältnis steht er zu anderen gelesenen Büchern und Aufsätzen? Was trägt er zu meinem Erkenntnisinteresse bei? Welche Position vertritt der Autor?

Sie sollten in Ihr Exzerpt auch bereits Überlegungen aufnehmen, wie Sie das Gelesene später in Ihrem Referat und Ihrer Hausarbeit verarbeiten wollen und Bezüge zu anderen Texten herstellen, indem Sie die Exzerpte miteinander verknüpfen. Halten Sie deshalb stets fest, welche Passagen des Textes Sie nicht gelesen haben. Am besten sollten Exzerpte so angeordnet sein, dass Sie sie jederzeit neu zusammenstellen können. Denn wenn Sie Ihre Fragestellung abändern, dann müssen Sie oftmals auch ihr Material umgruppieren oder sogar Sekundärexzerpte anfertigen, um die Informationen neu miteinander zu kombinieren. Für handschriftliches Exzerpieren bieten sich **DIN-A6-** oder **DIN-A5-Karteikarten** an. Auch größere Formate wie die vielfach verwendeten **DIN-A4-Blätter** kommen in Frage. Wenn Sie Exzerpte direkt in den **Computer** eingeben, können Sie sich Masken mit Text- oder Datenverarbeitungsprogrammen anlegen. Die Texte lassen sich mit den entsprechenden Programmen bei Bedarf ebenso einfach sortieren wie mit Karteikarten. Zudem hat die Arbeit mit dem PC den Vorteil, dass Sie damit bereits einige Passagen vorformuliert haben, gewissermaßen als Bausteine für die Arbeit. Aber völlig unabhängig davon, wie Sie sich auch entscheiden: Es kommt darauf an, dass Sie sich zeitig auf ein einheitliches Ordnungsprinzip festlegen: auf A4-Blätter, auf Karteikarten oder im PC, nach Autoren oder nach Sachthemen. In jedem Fall sind Exzerpte immer mit vollständigen bibliographischen Angaben zu versehen und anschließend in einem speziellen Karteikasten oder Ordner abzulegen.

In das Exzerpt gehört nicht nur der vollständige Titel, sondern auch eine kurze Notiz, ob Sie eine Kopie des Buches oder Aufsatzes angefertigt haben, in welchem Ordner diese gegebenenfalls zu finden ist, oder in welcher Bibliothek das Buch mit welcher Signatur steht. Je weiter Ihr Studium fortschreitet, desto wichtiger wird es, dass Sie Ihr Ordnungsprinzip konsequent vereinheitlichen. Fassen Sie Ihr Exzerpt jeweils am Ende eines Abschnittes oder Kapitels zusammen und fertigen Sie darüber hinaus auch eine Gesamtzusammenfassung an. Je mehr Erfahrung Sie erwerben, desto leichter wird es Ihnen fallen, auch längere Textabschnitte zu verdichten. Nützlich ist es sicher auch, einen kleinen Rand für die Seitenzahlen zu lassen. Anhand eines Beispielexzerptes aus unserem Kapitel 2 führen wir Ihnen dies kurz vor:

| Seite | Nils Freytag und Wolfgang Piereth: Kursbuch Geschichte. 5., aktual. Aufl. Paderborn u.a. 2011 | Anmerkungen |
|---|---|---|
| | **2. Literatur und Quellen finden** | |
| 21-35 | vier Bibliographierwege | |
| | 1. unsystematisches Bibliographieren<br>Auswerten von Literaturverzeichnissen / Fußnoten | |
| 21f. | geeignet sind etwa OGG und EDG | |
| 22 | 2. Bibliothekskataloge; hier nur selbstständ. Schriften | |
| 24 | Möglichkeiten: Autoren-, Stichwort-, Schlagwortsuche<br>Boolsche Verknüpfungen, Platzhalter, Wildcards | |
| 26-34 | 3. systematisches Bibliographieren<br>Spezial- und Allgemeinbibliographien<br>etwa: Jahresberichte für deutsche Geschichte<br>Quellenkunde: Wattenbach; IBZ | W. Baumgart, Bücherverzeichnis, S. 22-34 |
| 32 | ältere Aufsätze: Periodicals Index Online | |
| 34f. | 4. Feinschliff: aktuelle Hefte von Zeitschriften<br>IBR, AHF | |

**3.** Schließlich hat sich eine weitere Methode bewährt, die wir Ihnen ebenfalls kurz vorstellen: das vom Amerikaner Tony Buzan entwickelte **Mind Map-Verfahren.** Es handelt sich dabei um ein graphisches Ordnungs- und Strukturierungssystem, welches auf der mittlerweile erwiesenen Grundannahme aufbaut, dass es dem menschlichen Gehirn vielfach leichter fällt, visualisierte Informationen zu verarbeiten und zueinander in Beziehung zu setzen.[20] Sie verwenden am besten DIN-A4-, unter Umständen auch DIN-A3-Blätter, um ein Mind Map anzulegen. Um einen Kernbegriff in der Blattmitte herum werden die für das Thema zentralen Aspekte gruppiert, auf so genannten Ästen. Auf jeden Ast schreiben Sie nur ein Schlüsselwort – das können Sie bis in feinste Verzweigungen hinein fortführen. Es stehen Ihnen grundsätzlich verschiedene Möglichkeiten offen, mit der Mind Map-Methode zu arbeiten. Wie stark Sie aber abstrahieren möchten, liegt ganz bei Ihnen: Wörter sind mit Bildern oder Symbolen auf unterschiedliche Weise kombinierbar. Ebenso wie Exzerpte können Sie Mind Maps jederzeit Ihrem Wissensstand anpassen, also nach weiteren Lektüren zu Ihrem Thema etwas ergänzen oder ändern. Der große Vorteil eines fertigen Mind Maps besteht darin, dass Sie in dieses verschiedene Exzerpte bündeln können. Ein Mind Map eignet sich also vor allem dafür, sich nach umfangreicherer Lektüre einen Gesamtüberblick über eine Thematik zu verschaffen.

In vielen einführenden Seminaren gilt der **Lektüre von Quellen** ein besonderes Augenmerk, und sie wird deswegen dort auch gesondert behandelt. Sie sollten Quellen lesen, wo und wann immer Sie können, denn diese sind das Herzstück eines geschichtswissenschaftlichen Studiums. Auch wenn wir die Quellen nach der Literatur behandeln, heißt dies nicht, dass Sie zunächst immer zur Literatur greifen müssen, bevor Sie sich an die Quellen wagen. Zwar sollten Sie sich zunächst einen Überblick verschaffen, wenn Sie ein völlig neues Thema bearbeiten. Aber Sie sollten doch möglichst rasch auch Quellen hinzuziehen, da Ihre Quellenlektüre ansonsten vollkommen von den Urteilen und Thesen überlagert ist, die Ihnen in der Sekundärliteratur begegnet sind. Beim Quellenlesen sind, ergänzend zum bisher Ausgeführten, vor allem drei Besonderheiten zu beachten:

Erstens unterscheiden sich Quellen von wissenschaftlicher Literatur. Sie müssen mit den Briefen Plinius des Jüngeren oder mit einer mittelalterlichen Herrscherurkunde anders umgehen als mit einer wis-

---

20 Als knappe Basiseinführung eignet sich Margit Hertlein: Mind Mapping – Die kreative Arbeitstechnik. Spielerisch lernen und organisieren. Reinbek bei Hamburg [5]2007.

senschaftlichen Abhandlung über die Frühaufklärung in Preußen. In Faksimileausgaben, Quelleneditionen und Ähnlichem finden Sie zwar in aller Regel wissenschaftliche Kommentare oder Einleitungen von Herausgebern oder Bearbeitern, in denen die Quelle kurz vorgestellt, in den Forschungsstand eingeordnet und etwas zu ihrem Stellenwert ausgesagt wird. Dennoch gilt auch für jede Quelle, dass Sie sie mit einer bestimmten historischen Fragestellung angehen, und irgendwann bleibt es Ihnen überlassen, die **quellenkritische Arbeit** alleine durchzuführen und sich darüber Rechenschaft abzulegen, welchen Gewinn eine Quelle für Ihr Thema bietet, wo etwa die Grenzen ihres Aussagewertes liegen und aus welcher Perspektive sie Auskunft über den Sie interessierenden Sachverhalt gibt. Endgültig ist das der Fall, wenn Sie – etwa im Rahmen Ihrer Examensarbeit – mit archivalischem Schriftgut arbeiten.

Die zweite Besonderheit sind die **Sprachen**, die Ihnen begegnen werden, denn schriftliche Quellen sind natürlich in der Sprache ihrer Zeit verfasst. Je nach Studienschwerpunkt wird dies verschieden ausfallen, aber im Kernbereich der Neueren und Neuesten deutschen Geschichte haben Sie es neben deutschsprachigen vor allem mit englisch- und französischsprachigen Quellen zu tun. In der Mittelalterlichen und Frühneuzeitlichen Geschichte begegnen Ihnen in erster Linie das so genannte Mittellatein, Frühneuhochdeutsch und Französisch, in der Alten Geschichte vor allem die beiden humanistischen Sprachen Griechisch und Latein. Sofern keine Übersetzung vorliegt, müssen Sie die einschlägigen Abschnitte einer Quelle dann zunächst einmal in unsere Sprache übertragen. Und selbst für den Fall, dass eine Übersetzung vorhanden ist, sollten Sie diese gründlich überprüfen. Dieser Hinweis ist uns wichtig, weil jede Übersetzung bereits interpretiert, denn Syntax und begriffliche Bedeutungen variieren teilweise beträchtlich: So kann etwa das lateinische Wort *beneficium* „Wohltat“ oder „Lehen“ meinen – eine in der mittelalterlichen Lebenswelt elementare Differenz, wie der berühmt gewordene Streit um die Interpretation eines Papstbriefes auf dem Reichstag in Besançon (1157) deutlich vor Augen führt.[21] Auch deshalb ist die Kenntnis fremder Sprachen für ein erfolgreiches Geschichtsstudium so zentral; wir haben Sie darauf ja im ersten Kapitel bereits aufmerksam gemacht.

---

21 Das Beispiel nach Hans-Werner Goetz: Proseminar Geschichte: Mittelalter. 3., überarb. Aufl. Stuttgart 2006, S. 238.

Das dritte Grundproblem hängt eng mit der Sprache zusammen. Sie müssen immer wieder damit rechnen, dass auch deutschsprachige **Begriffe** heute eine andere Bedeutung als früher haben. In vielen Fällen können Sie dazu Hinweise in den geschichtswissenschaftlichen Hilfswörterbüchern finden, die wir in Kapitel 4 näher behandeln. Die heutige Bedeutung vieler gesellschaftlicher Leitbegriffe hat sich erst in der Epoche zwischen etwa 1750 und 1850 herausgeschält, eine Zeitspanne, die als Sattelzeit bezeichnet wird. Erst ein umsichtiger Umgang mit Begriffen ermöglicht Ihnen letztlich eine kritische und damit produktive Auseinandersetzung mit Literatur und vor allem Quellen. Die Arbeit an Begriffen, mit denen Sie Ihre Untersuchungsgegenstände beschreiben, analysieren und in gewisser Hinsicht überhaupt erst konstruieren, ist so eine Ihrer Hauptaufgaben.

Und noch ein letzter Hinweis: Es lohnt sich, Quellen gründlich zu lesen und durchaus auch einmal den Blick schweifen zu lassen. Das eröffnet Ihnen neue Perspektiven und lässt Sie Verflechtungen erkennen, denn vor allem in den Quellen können Sie als Historiker bisher Vernachlässigtes entdecken, Ihre Fragestellungen modifizieren oder neu formulieren. Je weiter Ihr geschichtswissenschaftliches Studium voranschreitet, desto mehr werden Sie von einer solchen Vorgehensweise profitieren.

# 4. Nachschlagewerke, Orientierungshilfen und Einführungen

Sie werden während Ihres Studiums immer wieder in die Situation kommen, dass Sie zu einem bestimmten Gesichtspunkt zusätzliche Informationen oder Erläuterungen brauchen: Zwischen welchen Partnern und wann wurde ein bestimmter Vertrag geschlossen? Wann genau hat eine bestimmte Person gelebt, und welche wichtigen Stationen ihres Lebens sind festzuhalten? Zu welcher Herrschaft gehörten dieser und jener Landstrich zu einer bestimmten Zeit? Was verbirgt sich hinter einem für Sie zunächst unverständlichen Fachbegriff? Wer bei der Suche nach Antworten auf solche und viele andere Fragen die richtigen Hilfsmittel kennt, spart viel Zeit und Nerven. Die Fülle an Nachschlagewerken macht es indes gerade Anfängern nicht leicht, die passenden Titel zu finden. Wir halten es deshalb auch nicht für sinnvoll, Sie nun mit langen Literaturlisten zu konfrontieren, die Sie nur ratlos zurücklassen werden. Stattdessen wollen wir im Folgenden eine Schneise durch das Dickicht schlagen und Ihnen lediglich einige ganz zentrale Nachschlagewerke und Orientierungshilfen präsentieren und mit knappen Kommentaren vorstellen. Den Schwerpunkt legen wir dabei auf fachübergreifende Titel, auf die drei klassischen Epochendisziplinen Alte Geschichte, Mittelalterliche Geschichte und Neuzeit sowie insgesamt auf die im Studienangebot zumeist dominierende deutsche Geschichte. Die Übersicht erhebt also keinen Anspruch auf Vollständigkeit, sie verdeutlicht Ihnen aber, welche Typen von Hilfsmitteln es überhaupt gibt, so dass Sie auch im Bereich anderer historischer Teildisziplinen von der Amerikanischen Geschichte bis zur Wirtschaftsgeschichte rasch fündig werden können.

## 1. Enzyklopädien und Lexika

Eine umfassende, vielbändige Standardenzyklopädie für die deutsche oder die internationale Geschichte gibt es auf dem deutschen Markt nicht. Es liegen allerdings einige **fachübergreifende Lexika** vor, in denen Sie sich über historische Begriffe und Ereignisse zumindest kurz informieren können. Dazu zählt der nach seinen Herausgebern „Fuchs / Raab" genannte Klassiker: das als dtv-Paperback erscheinende *Wörterbuch Geschichte*.[22] Eine passable Alternative ist *Meyers Taschenlexikon Geschichte*, das in sechs Bänden etwas umfangreichere Informationen bietet.[23] Beide Werke sind handlich und erschwinglich – weitaus mehr inhaltliche Substanz finden Sie aber in den Nachschlagewerken der einzelnen Teilfächer, zu denen wir gleich kommen. Rechts- und institutionengeschichtliche Begriffe aus Mittelalter und Neuzeit klären Sie am besten in dem ebenfalls nach seinen Herausgebern getauften *Hilfswörterbuch* „Haberkern / Wallach".[24] Als Datensammlung (manche sprechen auch nicht ganz zu Unrecht von einem Datengrab) sprichwörtlich geworden ist der Große Ploetz;[25] hier finden Sie auf über 2.000 Seiten Fakten, Fakten, Fakten, die für Sie aber lediglich ein Hilfsgerüst bilden dürfen, denn Geschichte ist weit mehr als Faktenhuberei.

Eine Sonderrolle spielen schließlich die *Geschichtlichen Grundbegriffe*, die Sie ebenfalls kennen sollten.[26] Das ist kein Lexikon mit Kurzartikeln, sondern ein siebenbändiges Werk mit umfassenden Aufsätzen zu zentralen Begriffen der Ideengeschichte, wie zum Beispiel Öffentlichkeit, Souveränität, Staat. Das Konzept der *Grundbegriffe* basiert auf der Beobachtung, dass der Bedeutungsgehalt von Sprache einem steten Wandel unterliegt, der wiederum weiter reichende Aussagen über die jeweils herrschenden politischen und sozialen Rahmenbedingungen erlaubt.

Zentrales Nachschlagewerk im Bereich der **Alten Geschichte** ist *Der Neue Pauly*.[27] Die Stichworte und Artikel bieten Zugang zu allen Bereichen der griechischen und römischen Kultur, ihrer Vorgänger, Nachbarn und Erben. Darüber hinaus informieren Überblicksartikel über Epochen, soziale und wirtschaftliche Strukturen, Gattungen und philosophische

---

22 Konrad Fuchs und Heribert Raab: Wörterbuch Geschichte. München [13]2002. Früher ist das Werk unter dem Titel dtv-Wörterbuch zur Geschichte erschienen. Seit 2005 auch als CD-ROM.

23 Meyers Taschenlexikon Geschichte, hrsg. und bearb. von Werner Digel. 6 Bde. 2., aktual. und durch einen Nachtr. erg. Aufl. Mannheim 1989.

24 Eugen Haberkern und Joseph Friedrich Wallach: Hilfswörterbuch für Historiker. Tübingen u.a. [9]2001.

25 Der Große Ploetz. Die Enzyklopädie der Weltgeschichte. 35., völlig neu bearb. Aufl. Göttingen 2008.

26 Geschichtliche Grundbegriffe. Historisches Lexikon zur politisch-sozialen Sprache in Deutschland, hrsg. von Otto Brunner, Werner Conze und Reinhart Koselleck. 7 Bde. und 1 Reg.bd. in 2 Teilbden. Stuttgart 1972-1997. Neuaufl. 2004.

27 Der Neue Pauly. Enzyklopädie der Antike, hrsg. von Hubert Cancik, Helmuth Schneider und (ab Bd. 13) Helmut Landfester. 16 Bde. Stuttgart u.a. 1996-2003.

Abb. 5: Titelblatt des Neuen Pauly, Bd. 1

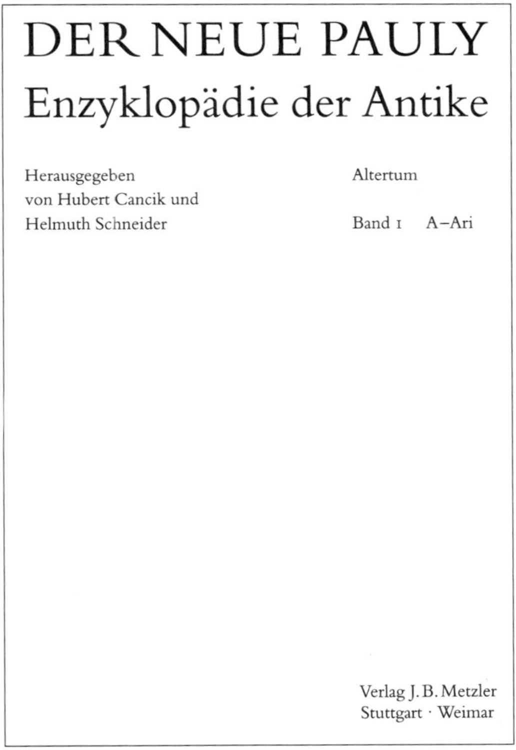

DER NEUE PAULY

Enzyklopädie der Antike

Herausgegeben
von Hubert Cancik und
Helmuth Schneider

Altertum

Band 1 A–Ari

Verlag J. B. Metzler
Stuttgart · Weimar

Systeme. Der *Neue Pauly* besteht aus zwei selbstständigen Teilen: Altertum (Teil I A-Z) und Rezeption (Teil II A-Z); beide sind in vielen Bibliotheken auch online verfügbar. Seit 2004 und bis 2010 erschienen sieben Supplementbände. Und noch ein kleiner Tipp: Insider schlagen den Artikel zum erfundenen Stichwort Apopudobalia nach, den ein Spaßvogel in die ansonsten grundsolide Enzyklopädie geschmuggelt hat.

Der Titel *Neuer Pauly* knüpft an die Mitte des 19. Jahrhunderts von August Pauly begründete *Realencyclopädie der classischen Altertumswissenschaften* an, die erst 2000 mit 68 (Teil-)Bänden, 15 Ergänzungsbänden und dem Register beendet wurde.[28] Auch wenn die

[28] Paulys Realencyclopädie der classischen Altertumswissenschaften. Neue Bearbeitung unter der Mitwirkung zahlreicher Fachgenossen, hrsg. von Georg Wissowa, fortgeführt von Wilhelm Kroll und Karl Mittelhaus, zuletzt von Konrat Ziegler. Stuttgart 1893-2000.

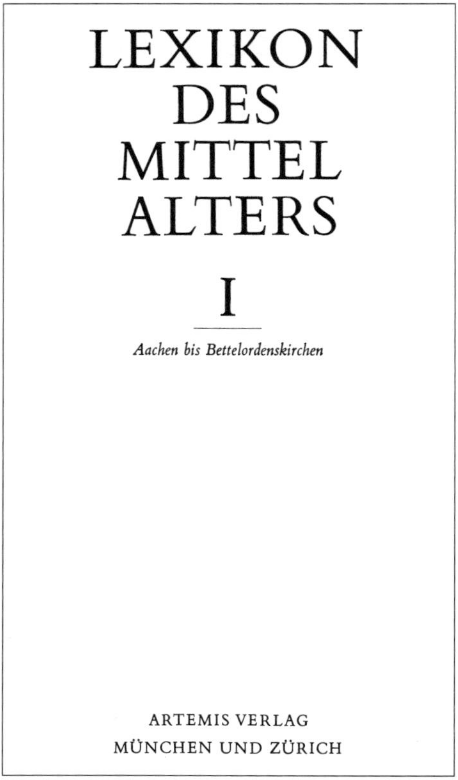

LEXIKON
DES
MITTEL
ALTERS

I

*Aachen bis Bettelordenskirchen*

ARTEMIS VERLAG
MÜNCHEN UND ZÜRICH

Abb. 6: Titelblatt des Lexikons des Mittelalters, Bd. 1

*Realencyclopädie* (kurz *RE*) naturgemäß in vielerlei Hinsicht nicht mehr auf dem neuesten Stand ist, bleibt sie für Fachleute eine wichtige Informationsgrundlage, zumal sie ausführlich Quellen einbezieht. Eine an der Realencyclopädie orientierte Auswahl, die aber auch neue Akzente setzte, ist der schon etwas ältere, ebenfalls zuverlässige *Kleine Pauly* (kurz *KlP*), der auch in Taschenbuchform vorliegt und für den Hausgebrauch nützlich ist.[29] Zu beachten ist, dass es Nachträge am Ende jedes Bandes und zusätzlich am Ende von Band 5 gibt.

[29] Der Kleine Pauly. Lexikon der Antike auf Grundlage von Pauly's Realencyclopädie der classischen Altertumswissenschaften unter Mitwirkung zahlreicher Fachgelehrter bearb. und hrsg. von Konrat Ziegler und Walter Sontheimer. 5 Bde. Stuttgart 1964-1975 (Taschenbuchausg. bei dtv 1979).

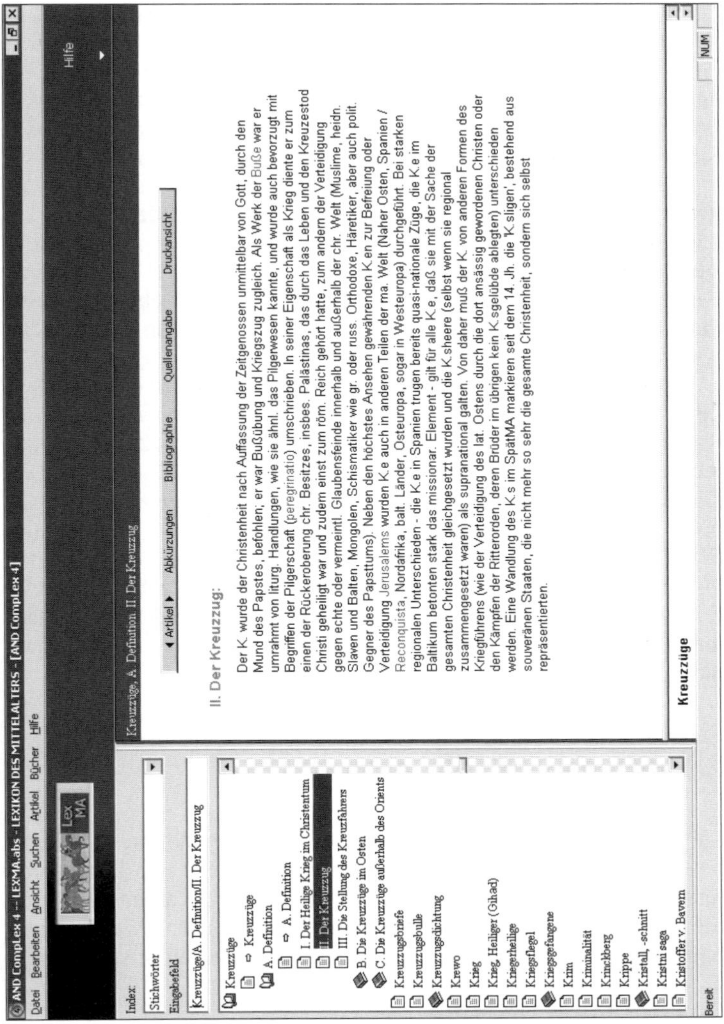


Abb. 7: Lexikon des Mittelalters, CD-ROM-Version, Stichwort ‚Kreuzzüge'

Standardwerk für die **Mittelalterliche Geschichte** ist das *Lexikon des Mittelalters*. Es umfasst über 36.000 Artikel in neun Bänden und einen Registerband.[30] Seit dem Jahr 2000 ist das Lexikon auch in einer vorzüglichen CD-ROM-Version benutzbar, für welche die Universitätsbibliotheken in der Regel eine Lizenz erworben haben, so dass Sie im Netz Ihrer Bibliothek kostenfrei recherchieren können (Abb. 7).

Das Lexikon umgreift Geschichte, Kultur und Lebensformen des gesamten europäischen Mittelalters im Zeitraum von ca. 300 bis ca. 1500, die byzantinische und islamische Welt sind ebenfalls berücksichtigt. Das *Lexikon des Mittelalters* ist seinem englischsprachigen Pendant, dem *Dictionary of the Middle Ages*, vorzuziehen; dort sind die Artikel und die Literaturangaben knapper gehalten und manche wichtige Aspekte werden gar nicht berücksichtigt.[31]

Im Bereich der **Neueren und Neuesten Geschichte** erscheint seit 2005 (und voraussichtlich noch bis 2012) die *Enzyklopädie der Neuzeit*, die den Zeitraum 1450-1850 abdeckt. Zwölf der 16 geplanten Bände liegen bereits vor (Stichworte Abendland bis Subsidien).[32] Die Enzyklopädie behandelt alle wesentlichen Fachgebiete, darunter etwa Staat und politische Herrschaft, Lebensformen und sozialer Wandel, Umwelt und technischer Wandel.

Wenn Sie wissen wollen, welche Lexika es für die zahlreichen historischen Spezialgebiete und für die Geschichte nichtdeutscher Staaten gibt, sehen Sie am besten in Baumgarts *Bücherverzeichnis* nach, das wir bereits im Kapitel 2 vorgestellt haben.

## 2. Biographische Hilfsmittel

Sie werden bei nahezu jedem Thema, das Sie während Ihres Studiums bearbeiten, auf Persönlichkeiten stoßen, über die Sie sich informieren müssen. Wenn Sie zentral zu einer bestimmten Person arbeiten, müssen Sie die einschlägige Forschungsliteratur konsultieren. Viel häufiger wird es Ihnen aber passieren, dass handelnde Personen in ein umfang-

---

[30] Lexikon des Mittelalters. Red. Liselotte Lutz u.a. 9 Bde. und 1 Reg.bd. München u.a. 1980-1999. Neuaufl. München 2003, Sonderausg. Darmstadt 2009.

[31] Dictionary of the Middle Ages, hrsg. von Joseph R. Strayer. 12 Bde. und 1 Reg.bd. New York 1982-1989, Erg.-bd. 2004.

[32] Enzyklopädie der Neuzeit. Im Auftrag des Kulturwissenschaftlichen Instituts (Essen) und in Verbindung mit den Fachwissenschaftlern hrsg. von Friedrich Jäger. 16 Bde., bisher erschienen Bde. 1-12. Stuttgart u.a. 2005ff.

reicheres Thema eingewoben sind, das Sie bearbeiten. Wenn Sie beispielsweise ein Referat zum Paulskirchenparlament von 1848/49 vorbereiten, werden Sie beim Einlesen früher oder später auf dessen Präsidenten Heinrich von Gagern treffen. Wenn Sie jetzt umfangreiche Arbeiten über Gagern wälzen, führt Sie das vom Thema weg und Sie verlieren viel Zeit; wenn Sie nichts tun, beim Vortrag vage von einem „gewissen Gagern" reden und auf Nachfrage keinerlei weitere Informationen haben, dann ist das trostlos, und Ihr Dozent wird Ihnen je nach Temperament mehr oder weniger deutlich signalisieren, dass Sie über die mit Ihrem Thema verknüpften Persönlichkeiten knapp und präzise Auskunft geben können sollten. Das hat nichts mit pseudowissenschaftlichem Schaulaufen zu tun, sondern ist sachlich begründet: Nur so werden Sie die von Ihnen behandelte Thematik substanziell erfassen können. All das gilt selbstverständlich auch für schriftliche Arbeiten: Personen, die Sie erwähnen, sollten Sie nach Möglichkeit entweder im Text oder in der Fußnote genauer skizzieren. Das Wenigste sind Lebensdaten und Beruf bzw. Position. Wenn die betreffende Person in Ihrer Arbeit wichtiger ist, macht es sich gut, wenn Sie auch noch mehr liefern können.

Für diese Fälle gibt es in der Geschichtswissenschaft zahlreiche **biographische Nachschlagewerke**. Man unterscheidet Nationalbiographien, in denen Persönlichkeiten einer Nation oder eines Staates verzeichnet sind, die analog geordneten Regionalbiographien sowie schließlich biographische Titel, die nach Sachgesichtspunkten zusammengestellt sind (Parlamentarier, Emigranten o.ä.). Bei all diesen Varianten werden normalerweise nur Verstorbene aufgenommen. Wer Informationen zu lebenden Persönlichkeiten sucht, muss zum „Who is Who?" und seinen Ablegern greifen.

Weil sie wichtig sind und rasch verfügbar sein müssen, stehen die biographischen Nachschlagewerke in aller Regel im Lesesaal der Bibliotheken, viele sind mittlerweile auch Online oder auf CD-ROM greifbar. Es lohnt sich, wenn Sie sich in Ihrer Universitätsbibliothek einmal einen Überblick vor Ort verschaffen. Im Folgenden wollen wir Ihnen die wichtigsten Titel zur deutschen Geschichte kurz vorstellen, wobei wir Sie noch einmal daran erinnern, dass wir die deutsche Geschichte nur beispielhaft ausgewählt haben. Es gibt ähnliche Werke für viele andere Staaten der Welt.[33]

Traditions- und umfangreich zugleich ist die *Allgemeine Deutsche Biographie* (kurz *ADB*), welche die Historische Kommission bei der Bayerischen Akademie der Wissenschaften zwischen 1875 und 1912

33 Weitere Hinweise bei Baumgart: Bücherverzeichnis (wie Fußnote 4), S. 44-49.

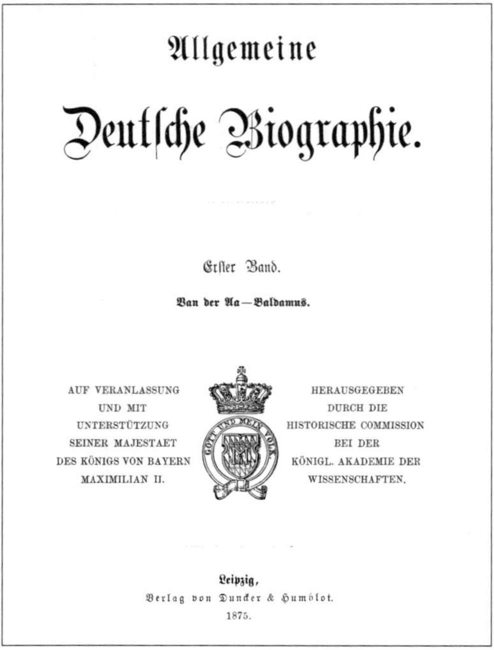

Allgemeine

Deutsche Biographie.

Erster Band.

Van der Aa — Baldamus.

AUF VERANLASSUNG
UND MIT
UNTERSTÜTZUNG
SEINER MAJESTAET
DES KÖNIGS VON BAYERN
MAXIMILIAN II.



HERAUSGEGEBEN
DURCH DIE
HISTORISCHE COMMISSION
BEI DER
KÖNIGL. AKADEMIE DER
WISSENSCHAFTEN.

Leipzig,
Verlag von Duncker & Humblot.
1875.

Abb. 8: Titelblatt der ADB, Bd. 1

herausgegeben hat.[34] Die *ADB* besteht aus 55 Bänden mit über 26.500 Artikeln und einem Generalregister. Aufgenommen sind Personen, die vor 1900 verstorben sind. Die letzten zehn Bände enthalten Nachträge von Persönlichkeiten, die während der Laufzeit dieses Mammutprojektes gestorben sind.

Die *ADB* zählt zu den größten historisch-biographischen Lexika der Welt. Ihr Untersuchungsgebiet ist der deutschsprachige Raum, wozu auch die Niederlande bis 1648 gezählt wurden. Alle Bereiche des öffentlichen Lebens wie Kunst und Kultur, Wissenschaft, Recht und Politik sind bedacht. Die Artikel der *ADB* haben eine sehr unterschiedliche Qualität. In vielen Fällen sind die Beiträge naturgemäß nicht mehr auf dem aktuellen Forschungsstand, oft dokumentieren sie aber vorzüglich den inhaltlichen und methodischen Stand der Geschichtswissenschaft um

[34] Allgemeine Deutsche Biographie, hrsg. durch die historische Commission bei der Königl. Akademie der Wissenschaften. 56 Bde. Leipzig 1875-1912, Nachdruck Berlin 1971.

**Wilhelm** I., Prinz von Oranien, Graf von Nassau, genannt der Schweiger, der Begründer der niederländischen Unabhängigkeit, wurde als ältester Sohn des Grafen Wilhelm des (an Kindern) Reichen und der Gräfin Juliana von Stolberg (s. A. D. B. XXIII, 263) am 25. April 1533 zu Dillenburg geboren. Von den eifrig protestantischen Eltern sorgfältig erzogen, erbte er, 11jährig, durch Testament seines Vetters, des Prinzen René von Oranien, den großen Länder- und Gütercomplex, der diesem durch die Heirath seines Vaters, des Grafen Heinrich von Nassau-Breda mit der Prinzessin Claudine von Oranien-Châlons anheimgefallen war. Diese Erbschaft, welche ihn zu einem der reichsten Edelleute seiner Zeit machte, veranlaßte seine Uebersiedlung nach Brüssel, wo er am Hofe der Regentin der Niederlande, der Königin-Wittwe Maria von Ungarn, Karl's V. Schwester, seine weitere, natürlicherweise katholische Erziehung und Ausbildung erhielt. Kaiser Karl wandte dem Jüngling, dessen außerordentliche Begabung ihm bald bemerklich geworden war, seine Gunst dermaßen zu, daß er ihm, als er eben achtzehn Jahre war, die Hand der Anna von Egmont, der Erbtochter seines berühmten Feldherrn, des Grafen Maximilian von Büren, eine der reichsten Partien des Landes verschaffte.

Abb. 9: Textauszug aus Bd. 43 der ADB, Eintrag zu Wilhelm I., Prinz von Oranien

1900. Und: In der *ADB* finden sich Einträge zu zahlreichen Personen, die in spätere Nachschlagewerke nicht mehr aufgenommen wurden.

Das Folgeprojekt der *ADB* ist die *Neue Deutsche Biographie* (NDB).[35] Herausgeber ist ebenfalls die Historische Kommission bei der Bayerischen Akademie der Wissenschaften. Die *NDB* ist die maßgebliche deutsche Nationalbiographie. Sie hat nur einen Nachteil: Sie ist noch nicht fertig. Seit 1953 sind bisher 24 Bände mit über 21.500 Artikeln erschienen, die das Namensspektrum von Aachen bis Stader abdecken. Das Gesamtwerk soll im Jahr 2017 mit 28 Bänden abgeschlossen sein. Die *NDB* erfasst den deutschen Sprach- und Kulturraum in der Zeit vom frühen Mittelalter bis zur Gegenwart. Sie informiert über verstorbene Persönlichkeiten aus den Bereichen Politik, Wirtschaft, Gesellschaft, Wissenschaft, Technik und Kunst. Die *NDB* ist moderner als die *ADB* und daher im Zweifel immer vorzuziehen. Die Auswahl ihrer Artikel ist wesentlich strikter gehandhabt, die Darstellungsweise ist präziser, weniger essayistisch, die genealogische Einleitung sowie das Werk- und Literaturverzeichnis sind klarer strukturiert. Alle Artikel sind namentlich gezeichnet, während am Ende der *ADB*-Artikel oft heute nicht mehr auflösbare Abkürzungen zu finden sind.

*ADB* und *NDB* sind als *Deutsche Biographie* mittlerweile auch online benutzbar. Dieses kostenlose Online-Angebot (http://www.deutsche-bio-

35 Neue Deutsche Biographie, hrsg. von der Historischen Kommission bei der Bayerischen Akademie der Wissenschaften. Berlin 1953ff.

Abb. 10: Deutsche Biographie, Eintrag zu Clemens Fürst von Metternich

graphie.de) bietet Informationen zu mehr als 93.000 bedeutenden Frauen und Männern des deutschsprachigen Kulturraums. Es umfasst zur Zeit digitale Volltexte von mehr als 46.000 historisch-biographischen Artikeln der *Allgemeinen Deutschen Biographie* (*ADB*, alle 56 Bände) und der *Neuen Deutschen Biographie* (*NDB*, online sind bisher die ersten 23 Bände, Stichwörter Aachen bis Schwarz) sowie Verlinkungen auf die bibliothekarischen Ressourcen der Bayerischen Staatsbibliothek, des Bayerischen Verbundkatalogs und der Deutschen Nationalbibliothek.

*ADB* und *NDB* sind zudem Teil des im Aufbau befindlichen *Biographie-Portals* (http://www.biographie-portal.eu). Dieses erschließt über ein gemeinsames Register zunächst die *ADB*, die *NDB* sowie das *Österreichische Biographische Lexikon 1815-1950* (*ÖBL*) und das *Historische Lexikon der Schweiz* (*HLS*), wobei neben der *NDB* auch das *ÖBL* und das *HLS* noch in Bearbeitung sind. Zusammen werden auf diese Weise weit über 100.000 Biographien aus allen gesellschaftlichen Bereichen und fast allen Epochen der deutschen, österreichischen

NEUE
DEUTSCHE BIOGRAPHIE

HERAUSGEGEBEN VON DER
HISTORISCHEN KOMMISSION
BEI DER BAYERISCHEN AKADEMIE
DER WISSENSCHAFTEN

EINUNDZWANZIGSTER BAND

PÜTTER - ROHLFS

MIT ADB & NDB-GESAMTREGISTER
AUF CD-ROM

DUNCKER & HUMBLOT / BERLIN

Abb. 11: Titelblatt der NDB, Bd. 21

**Ebert,** *Friedrich,* Reichspräsident (seit 1919), * 4. 2. 1871 Heidelberg, † 28. 2. 1925 Berlin, ▭ Heidelberg. (kath., dann Dissident)

*V* Karl (1834-92, kath.), Schneidermeister in H., *S* d. Landwirts-*T* Anna Maria E. aus Krumbach; *M* Katharina (1834-97, ev.), *T* d. Landwirts Peter Hinkel in Neckargerach u. d. Feldschützen-*T* Kath. Dorst; ⚭ Bremen 1894 Louise (1873-1955), Arbeiterin, *T* d. Arbeiters Frdr. Herm. Rump in Bremen, sie vermied es sorgfältig, in den amtlichen Bereich ihres Mannes einzugreifen und verstand es, die Würde ihrer Stellung als erste Frau d. Staates zu wahren; 4 *S* (2 ⚔), 1 *T*, u. a. Frdr. (* 1894), Leiter d. Verwaltung v. Ost-Berlin, Karl (* 1899), bad.-württ. soz.-demokr. Landtagsabgeordneter.

Als 4. von 6 Kindern eines nicht wohlhabenden Handwerkers katholisch erzogen, erlernte E. das Sattlerhandwerk. Die strenge Lehre verließ er kurz vor Abschluß wegen einer Mißhandlung. Über Karlsruhe und München kam er 1889 nach Mannheim, wo ihn der Stiefbruder seines Vaters, der Schneider Strötz, der hier unter Einfluß von Lassalle stehenden Sozialdemokratie zuführte. Gleichwohl war E. zunächst hauptsächlich gewerkschaftlich tätig. Schon im Aug. 1889 war er Schriftführer des Sattlerverbandes in Hannover. Hier wie anderswo schnell gemaßregelt, gelangte er nicht zur Ruhe. In Kassel, Braunschweig, Elberfeld-Barmen, Remscheid, Quakenbrück und Bremen gründete oder leitete er Zahlstellen des Sattlerverbandes. In Bremen wurde er Vorsitzender des Gewerkschaftskartells, gehörte der Preßkommission, seit 1893 der Lokalredaktion der Bremer Bürger-Zeitung an.

Abb. 12: Textauszug aus Bd. 4 der NDB, Eintrag zu Friedrich Ebert

und der schweizerischen Geschichte zugänglich gemacht. In Zukunft sollen weitere nationale und regionale biographische Nachschlagewerke in das Portal einbezogen werden. Das kumulierte Gesamtregister zu den Nachschlagewerken kann nach folgenden Kriterien durchsucht werden: Namen und Vornamen (inkl. Namensvarianten und Pseudonymen), Geburts- und/oder Sterbejahr, Berufsangaben.

Weil sich die Arbeiten an der *NDB* nun schon über mehr als sechs Jahrzehnte erstrecken, blieb Raum für ein privatwirtschaftlich betriebenes Konkurrenzprodukt, die in den Jahren 1995 bis 1999 fertig gestellte

*Deutsche Biographische Enzyklopädie* (kurz *DBE*). Die *DBE* umfasst zwölf Bände mit gut 60.000 Artikeln, die beiden letzten Bände enthalten Nachträge, Ergänzungen und Register. Eine 2., überarbeitete und erweiterte Ausgabe liegt seit 2008 vollständig vor.[36] In ihrem prinzipiellen Zuschnitt ähnelt die *DBE* den bereits vorgestellten biographischen Lexika. Die Artikel sind indes kürzer als die der *NDB* und nur die umfangreicheren Beiträge sind namentlich gezeichnet. Genealogische Hinweise, Werk- und Literaturangaben sind knapper gefasst. Die *DBE* ist auch online oder als CD-ROM auswertbar; viele Universitätsbibliotheken haben die entsprechende Lizenz erworben, so dass Sie kostenfrei im Universitätsnetz recherchieren können. Die digitale Version ist umfangreicher als die Buchausgabe, sie enthält beispielsweise auch die separat vorangestellten biographischen Daten zur Person (Namen, Beruf, Lebensdaten, geographische Angaben) sowie rund 15.000 biographische Kurzeinträge zu jenen Personen, die in den *DBE*-Artikeln namentlich erwähnt werden, aber keinen eigenen Artikel erhalten haben.

Besonders nützlich ist, dass die Onlineausgabe der *DBE* auch den *Deutschen Biographischen Index* (kurz *DBI*) enthält. Der *DBI* ist ein riesiges Namensregister, das auch gedruckt in acht Bänden vorliegt: Das alphabetisch geordnete Verzeichnis umfasst 450.000 Personen mit Namen, Beruf, Lebensdaten sowie einen aus römischen und arabischen Ziffern bestehenden Verweis (Abb. 13).[37] Dieser Verweis bezieht sich auf zwei monumentale Mikrofiche-Sammlungen, das *Deutsche Biographische Archiv* (kurz *DBA I*)[38] und das *Deutsche Biographische Archiv, Neue Folge* (kurz *DBA II*)[39]. Das *DBA I* vereint die Einträge aus 264 biographischen Lexika, die bis Ende des 19. Jahrhunderts erschienen sind, *DBA II* kumuliert die Einträge aus weiteren 284 aktuelleren biographischen Nachschlagewerken. Noch nicht in die DBI-Onlineausgabe integriert, aber bereits in der DBI-

---

36 Deutsche Biographische Enzyklopädie, hrsg. von Walther Killy und Rudolf Vierhaus. 12 Bde. München 1995-2000. 2., überarb. und erw. Aufl. München 2005-2008.

37 Deutscher Biographischer Index. 8 Bde. 3., kumulierte und erw. Ausg. München 2004.

38 Deutsches Biographisches Archiv. Eine Kumulation aus 264 der wichtigsten biographischen Nachschlagewerke für den deutschen Bereich bis zum Ausgang des 19. Jahrhunderts, hrsg. von Bernhard Fabian, bearb. unter Leitung von Willi Gorzny. Microfiches, München 1982-1985 [= DBA I].

39 Deutsches Biographisches Archiv, Neue Folge. Kumulation aus 284 biographischen Lexika und dem Nachweis von ca. 280.000 Personen, bearb. von Willi Gorzny. Microfiches, München 1989-1993 [= DBA II].

Druckversion berücksichtigt ist das *Deutsche Biographische Archiv 1960-1999* (kurz *DBA III*).[40] Es verzeichnet Einträge aus rund 350 Lexika der zweiten Hälfte des 20. Jahrhunderts. Die drei Sammlungen sind in vielen Bibliothekslesesälen greifbar, direkt daneben steht in der Regel der Recherchesclüssel, das Register *DBI*. Die Arbeit mit dem *DBA* empfiehlt sich immer dann, wenn Sie zu einer bestimmten Person eingehender forschen oder wenn Sie nach Informationen zu Personen suchen, die in den drei oben genannten gedruckten Werken (*ADB*, *NDB*, *DBE*) nicht berücksichtigt wurden.

Wenn Sie beispielsweise Auskünfte über den 1661 verstorbenen Goldschmied Johann Jakob Hötzer brauchen, werden Sie in *ADB*, *NDB* und *DBE* erfolglos suchen. Greifen Sie zum Registerband *DBI* oder recherchieren Sie in der oben genannten CD-ROM, dann stoßen Sie dort auf Hötzers Namen und den Verweis „II 598, 390-391". Das heißt, Sie finden in der Mikrofichesammlung *DBA II*, im Microfiche Nummer 598 unter der Kennziffer 390/391 einen Eintrag zu Hötzer. Falls der Goldschmied gleich in mehreren der ausgewerteten Lexika aufgetaucht ist, werden Sie alle Artikel hintereinander gesetzt an der angegebenen Stelle finden.

**Hötzel**, Walter Karl ⟨* !884⟩, Organist, Musiklehrer – *Deutsches Musiker-Lex* – II 598, 371
**Hoetzendorff**, Johann von → Hetzendorf, Johann von
**Hoetzendorff**, Johann Samuel ⟨* 1694, † nach 1735⟩, Maler – *Kosch Kath, Nagler, Th-B, Wurzbach C.* – I 550, 125-128; II 598, 372-374
**Hötzendorff**, Theodor von ⟨* 1898⟩, Maler, Graphiker – *Vollmer* – II 598, 389
**Hötzer**, Jakob – auch: Hetzer; Hözer ⟨* vor 1679, † 1716⟩, Goldschmied – *Th-B* – II 598, 390-391
**Hötzer**, Johann Benno – auch: Hetzer; Hözer ⟨* vor 1654, † um 1690⟩, Goldschmied – *Th-B* – II 598, 390-391
**Hötzer**, Johann Jakob – auch: Hetzer; Hözer ⟨† 1661⟩, Goldschmied – *Th-B* – II 598, 390-391
**Hötzer**, Joseph Veit Anton – auch: Hetzer; Hözer ⟨e 1720-1762⟩, Goldschmied – *Th-B* – II 598, 390-391
**Hötzer**, Karl ⟨* 1892, † 1969⟩, Oberlehrer, Lyriker, Dramatiker, Prosaist, Hörspielautor – *KLK* – II 598, 392
**Hötzer**, Stephan – auch: Hetzer; Hözer ⟨* vor 1622, † 1650⟩, Hofgoldschmied – *Th-B* – II 598, 390-391
Landwirt – *Biogr Jahrb I* – I 550, 166
**Hövelborn**, Klemens ⟨* 1905⟩, Dermatologe – *Dermatologen* – II 598, 417
**Hövelen**, Gotthard IV. von ⟨e 1702⟩, Adel – *Moller J.* – I 550, 148
**Hövelen**, Konrad von → Höveln, Konrad von
**Höveler**, Johann Joseph ⟨* 1856, † 1921⟩, Gymnasialdirektor, Fachautor für rhein. Archäologie und Geschichte – *DBJ* – II 598, 418
**Höveler**, Peter ⟨* 1847, † 1927⟩, Priester, Klosterrektor, Herausgeber, Fachautor für Kirchengeschichte – *LThK, Wer ist's* – II 598, 419-420
**Hoeveler**, Peter ⟨* 1865⟩, Gutsbesitzer, Architekt, Bauunternehmer, Mitgl. des Preuß. Abgeordnetenhauses – *Wer ist's* – II 598, 421
**Hövell**, Friedrich Karl ⟨† 1828⟩, Oberst – *Neuer Nekr.* – I 550, 177
**Hövell**, Joachim ⟨e 1586⟩, Maler – *Lindner A.* – I 550, 178
**Hövellius**, Johann → Hevelius, Johann
**Hoevelmann**, Joseph P. ⟨e 1909⟩, Bibliothekar – *Wer ist's* – II 598, 422
**Hövelmann**, Walter ⟨* 1897⟩, Fabrikant – *Wer ist's* –

Abb. 13: Auszug aus Bd. 3 des DBI, Eintrag zu Johann Jakob Hötzer

[40] Deutsches Biographisches Archiv 1960-1999, bearb. von Victor Herrero Mediavilla. Mikrofiches, München 1999-2001 [= DBA III]. Das Verzeichnis enthält Einträge zu rund 180.000 Personen.

Wer im Bereich der Alten Geschichte arbeitet, wird biographische Informationen eher an anderer Stelle erfolgreich suchen: Gut geeignet sind das *Lexikon antiker Autoren*[41] sowie der oben schon einmal erwähnte *Neue Pauly*.

Die weltweit größte biographische Datenbank bietet der in diesem Bereich führende de Gruyter-Verlag an: das im Dezember 2010 fertig gestellte *World Biographical Information System Online* (*WBIS*). Es basiert auf der Digitalisierung der Mikrofiche-Editionen der Biographischen Archive des Saur-Verlags. Für diese einzelnen Archive wurden die Originaltexte der biographischen Artikel aus verschiedenen Nachschlagewerken herausgelöst und in faksimilierter Form auf Microfiches dargestellt. Diese Artikel werden nun in *WBIS-Online* originalgetreu abgebildet. Die Datenbank enthält 8,5 Millionen biographische Artikel zu über sechs Millionen Personen aus aller Welt; als deutsche Nachschlagewerke integriert sind die eben erwähnten Sammlungen *DBA I*, *II* und *III*. *WBIS-Online* ist lizenzpflichtig, in der Regel können Sie darin über Ihre Universitätsbibliothek recherchieren.

Die Voraussetzung für eine gezielte Recherche ist in all diesen Fällen, dass Sie den Namen der betreffenden Person kennen. Seltener, aber durchaus möglich ist das umgekehrte Problem: Sie wissen um die Funktion, kennen aber den Namen der Person nicht; etwa, wenn Sie herausfinden müssen, wer zu einem bestimmten Zeitpunkt russischer Gesandter in Berlin war, oder wer in diesem oder jenem Jahr als britischer Außenminister amtierte. Auch für diese Fragen gibt es biographische Hilfsmittel, so genannte **Organisationshandbücher**. Zu den wichtigsten gehören der *Minister-Ploetz*,[42] der Kabinettsmitglieder der Neuzeit verzeichnet, sowie das *Repertorium der diplomatischen Vertreter aller Länder seit dem Westfälischen Frieden*.[43]

Die Abkürzungen *ADB*, *NDB*, *DBE*, *DBI* und *DBA* sind im Wissenschaftsbetrieb fest etabliert. Sie sollten sich also diese Kürzel möglichst gut einprägen – auch wenn Ihnen das wegen der Ähnlichkeit der Buchstabenfolgen zunächst einmal schikanös erscheint. Klassische Anfängerfehler sind übrigens, die *ADB* zur „Alten Deutschen Biographie“ zu machen, weil es ja auch eine „Neue“ gibt, sowie von „Bibliographien“ zu reden, obgleich man „Biographien“ meint.

---

41 Metzler-Lexikon antiker Autoren, hrsg. von Oliver Schütze. Stuttgart 1997.

42 Regenten und Regierungen der Welt. Sovereigns and Governments of the World, bearb. von Bertold Spuler. Teil II: Neuzeit (1492-1970). 3 Bde. 2. Aufl. Würzburg 1962-1972.

43 Repertorium der diplomatischen Vertreter aller Länder seit dem Westfälischen Frieden (1648), veröff. vom Internationalen Ausschuss für Geschichtswissenschaften. 3 Bde. Berlin u.a. 1936-1965.

# 3. Orientierung in einzelnen Sachgebieten

Die folgenden Handbücher helfen Ihnen bei der ersten Orientierung in zentralen Themengebieten der Geschichtswissenschaft. Sie bilden bei der im Kapitel 2 beschriebenen Informationsspirale den äußersten Ring, ersetzen also keinesfalls eine weiterführende Lektüre.

Für den gesamten Komplex **Verfassung – Verwaltung – Recht** empfehlen sich insbesondere das alphabetisch geordnete *Handwörterbuch zur deutschen Rechtsgeschichte*[44] (*HRG*), das *Lexikon der europäischen Rechtsgeschichte*[45] sowie die zwar etwas spröde, aber außerordentlich ergiebige *Deutsche Verwaltungsgeschichte*, die den Zeitraum vom Spätmittelalter bis zur Bundesrepublik abdeckt.[46] Zentral im Bereich der Neuesten Geschichte ist zudem die nach ihrem Verfasser nur „der Huber" genannte achtbändige *Deutsche Verfassungsgeschichte*, die von 1789 bis 1933 reicht;[47] begleitend erschienen ist eine nützliche Quellenedition unter dem Titel *Dokumente zur deutschen Verfassungsgeschichte*.[48] Für die antike Verfassungsgeschichte Athens und Roms gibt es kein passables Handbuch, daher sind Sie gut beraten, zu zwei Arbeiten von Jochen Bleicken zu greifen.[49]

Den Themenkomplex **Europäische Geschichte, Außenpolitik, Internationale Beziehungen** erschließen Sie sich am besten über das siebenbändige *Handbuch der europäischen Geschichte*,[50] das von der Spätantike bis in die Nachkriegszeit reicht, sowie über das auf neun Bände angelegte und im Erscheinen begriffene *Handbuch der Ge-*

---

44 Handwörterbuch zur deutschen Rechtsgeschichte, hrsg. von Adalbert Erler und Ekkehard Kaufmann. 5 Bde. Berlin 1971-1998. Eine 2., völlig überarb. u. erw. Aufl. erscheint seit 2004 in Teillieferungen und reicht bisher bis ‚Handfeste'.

45 Gerhard Köbler: Lexikon der europäischen Rechtsgeschichte. München 1997.

46 Deutsche Verwaltungsgeschichte, hrsg. von Kurt G. Jeserich, Hans Pohl und Georg-Christoph v. Unruh. 5 Bde. und 1 Reg.bd. Stuttgart 1983-1988.

47 Ernst Rudolf Huber: Deutsche Verfassungsgeschichte seit 1789. 7 Bde. und 1 Reg.bd. Stuttgart 1957-1992 (mehrfache, z.T. überarb. u. revid. Neuauflagen).

48 Ders. (Hrsg.): Dokumente zur deutschen Verfassungsgeschichte im 19. und 20. Jahrhundert. 4 Bde. und 1 Reg.bd. 3., neu bearb. Aufl. Stuttgart 1978-1997.

49 Jochen Bleicken: Die Verfassung der römischen Republik. Grundlagen und Entwicklung. Paderborn u.a. [8]2000. – Jochen Bleicken: Die athenische Demokratie. 4., völlig überarb. u. wesentl. erw. Aufl. Paderborn u.a. 1995.

50 Handbuch der europäischen Geschichte, hrsg. von Theodor Schieder. 7 Bde. Stuttgart 1968-1992 (Neuauflagen, Teile auch als Taschenbuch).

*schichte der internationalen Beziehungen*,[51] das den Zeitraum von 1450 bis 1990 abdecken wird.

Für **kirchen- und religionsgeschichtliche Fragen** steht Ihnen das katholische *Handbuch der Kirchengeschichte* zur Verfügung.[52] Darüber hinaus gibt es zwei abgeschlossene Lexika: Das evangelische Werk *Religion in Geschichte und Gegenwart*[53] (kurz *RGG*) sowie das katholische *Lexikon für Theologie und Kirche*[54] (kurz *LthK*), das kirchengeschichtlich generell ergiebiger ist. Als überkonfessionell gilt die mittlerweile abgeschlossene *Theologische Realenzyklopädie* (kurz *TRE*).[55] Für Antike und Frühmittelalter wichtig ist zudem das *Reallexikon für Antike und Christentum* (kurz *RAC*), das noch im Erscheinen begriffen ist;[56] hier finden Sie auch viele Informationen zu Themen, die außerhalb der engeren Kirchengeschichte angesiedelt sind.

Zur **Wirtschafts- und Sozialgeschichte** empfiehlt sich das von der römischen Kaiserzeit bis zur Gegenwart reichende, sechs Bände umfassende *Handbuch der Europäischen Wirtschafts- und Sozialgeschichte*.[57] Das aktuellste Überblickswerk für die Entwicklung in Deutschland speziell ist das *Handbuch der Wirtschafts- und Sozialgeschichte Deutschlands*, das die Zeit vom Mittelalter bis zur Mitte des 20. Jahrhunderts umspannt.[58] Fragen zu **Alltag** und **Mentalitäten**

---

[51] Handbuch der Geschichte der internationalen Beziehungen, hrsg. von Heinz Duchhardt. Paderborn u.a. 1997ff. Bisher erschienen sind die Bände zu den Epochen 1450-1559, 1559-1660, 1700-1785, 1785-1830 sowie 1830-1878 (dieser bereits in 2., erw. Aufl. 2007).

[52] Handbuch der Kirchengeschichte, hrsg. von Hubert Jedin. 7 Bde. Freiburg, Basel, Wien 1962-1979. Sonderausgabe in 10 Teilbden. Freiburg u.a. 1986.

[53] Religion in Geschichte und Gegenwart. Handwörterbuch für Theologie und Religionswissenschaft, hrsg. von Hans Dieter Betz u.a. 8 Bde. u. 1 Reg. bd. 4., völlig neu bearb. Aufl. Tübingen 1998-2007.

[54] Lexikon für Theologie und Kirche, hrsg. von Walter Kasper. 10 Bde. 1 Abkürzungsbd., 1 Reg. u. Erg.bd. Freiburg 1993-2001, Sonderausg. als Taschenbuch 2009.

[55] Theologische Realenzyklopädie, hrsg. von Gerhard Krause und Gerhard Müller. 38 Bde. Berlin 1977-2007.

[56] Reallexikon für Antike und Christentum. Sachwörterbuch zur Auseinandersetzung des Christentums mit der antiken Welt, hrsg. von Theodor Klauser und Ernst Dassmann. Stuttgart 1950ff. Bislang sind 23 Bände erschienen (bis ‚Manes').

[57] Handbuch der Europäischen Wirtschafts- und Sozialgeschichte, hrsg. von Wolfram Fischer u.a. 6 Bde. Stuttgart 1980-1993.

[58] Friedrich-Wilhelm Henning: Handbuch der Wirtschafts- und Sozialgeschichte Deutschlands. 3 Bde. Paderborn u.a. 1991-2010.

können Sie in der von der Antike bis zur Gegenwart reichenden, fünfbändigen *Geschichte des privaten Lebens* klären, die eine französische Forschergruppe aus der Annales-Schule herausgegeben hat.[59] In diesem Kontext ist auf ein Produkt der DDR-Historiographie hinzuweisen, das schon vor der Wende auch im Westen breit rezipiert wurde: Jürgen Kuczynskis *Geschichte des Alltags des deutschen Volkes*, bei der Sie freilich den speziellen ideologischen Einschlag mit bedenken müssen.[60] Erste Orientierung im Bereich der **Frauengeschichte** liefert ein ebenfalls von der Annales-Schule geprägtes, fünf Bände umfassendes und von der Antike bis zur Gegenwart reichendes Handbuch.[61] Für den Komplex **Bildung, Wissenschaft, Universitäten** eignet sich das *Handbuch der deutschen Bildungsgeschichte*, das den Bogen vom 15. Jahrhundert bis zur Gegenwart spannt.[62] **Umweltgeschichtliche** Informationen liefert die dreibändige *Encyclopedia of World Environmental History*.[63]

**Geographiegeschichtliche** Fragen lassen sich zum einen mit Hilfe historischer Atlanten klären. Empfehlenswert sind insbesondere die bei *Putzger* und bei *Westermann* erschienenen Karten, die in jeder Universitätsbibliothek vorrätig sind; sie lassen sich auch vorzüglich zur Ausgestaltung von Vorträgen und Referaten nutzen. Darüber hinaus gibt es auch im Internet historische Landkarten; beispielsweise bietet das Mainzer Institut für europäische Geschichte unter der Adresse http://www.ieg-maps.uni-mainz.de eine Fülle nützlicher Karten zum kostenlosen Download an. Ergänzend zu den Atlanten können Sie Nachschlagewerke heranziehen. Für Deutschland vom Mittelalter bis zur Gegenwart eignet sich Köblers *Historisches Lexikon der deutschen Länder*; hier finden Sie zu jedem jemals selbständigen Territorium einen Artikel über die sich wandelnden Herr-

---

59 Geschichte des privaten Lebens, hrsg. von Philippe Ariès, u.a. 5 Bde. Frankfurt/M. 1989-1993, Taschenbuchausg. 1995.

60 Jürgen Kuczynski: Geschichte des Alltags des deutschen Volkes, 1600-1945. 5 Bde. Köln 1981-1982. Ein Ergänzungsbd. unter dem Titel ‚Nachträgliche Gedanken' ist 1987 erschienen.

61 Geschichte der Frauen, hrsg. von Georges Duby u.a. 5 Bde. Frankfurt/M. 1993-1995.

62 Handbuch der deutschen Bildungsgeschichte, hrsg. von Christa Berg u.a. 6 Bde. Bd. 6 in 2 Teilbden. München 1987-2005.

63 Encyclopedia of World Environmental History, hrsg. von Shepard Krech, J. R. McNeill und Carolyn Merchant. 3 Bde. New York, London 2004.

64 Gerhard Köbler: Historisches Lexikon der deutschen Länder. Die deutschen Territorien und reichsunmittelbaren Geschlechter vom Mittelalter bis zur Gegenwart. 7., vollst. überarb. Aufl. München 2007.

schafts- und Gebietsverhältnisse.[64] Weltweiten Horizont hat *Ritters geographisch-statistisches Lexikon* aus dem 19. Jahrhundert, mit vielen, meist sehr kurzen Artikeln zu wichtigen Örtlichkeiten.[65]

## 4. Einführungen

Die Zahl der Einführungen in das Studium der Geschichte bzw. in eine der Epochen-, Sach- und Regionaldisziplinen ist in den vergangenen Jahren stark angewachsen. Die kaum mehr zu überschauende Publikationsflut ist eng mit einem doppelten Wandel des geschichtswissenschaftlichen Studiums verknüpft. Erstens ist das Geschichtsstudium, Magister- ebenso wie Lehramtsstudiengänge, im Zuge des so genannten Bologna-Prozesses neu strukturiert und modularisiert worden. Eine fachliche Ausdifferenzierung flankiert diesen Prozess, denn unsere Disziplin ist zweitens zugleich vielfältiger geworden, wie ein Blick in die Vorlesungsverzeichnisse vieler deutschsprachiger Universitäten dokumentiert: Europäische und außereuropäische, Geschlechter- und Kulturgeschichte gehören mittlerweile ebenso selbstverständlich zum Lehrangebot wie deutsche, Politik- und Sozialgeschichte. Diese methodische und thematische Vielfalt wird trotz oder vielleicht gerade wegen der Umstellung auf Bachelor und Master erhalten bleiben oder noch weiter zunehmen.

Einige neuere Einführungen berufen sich ausdrücklich auf die Neugestaltung des Studiums und versprechen Hilfestellungen, etwa indem sie Übungsaufgaben für anstehende Modul- oder Modulteilprüfungen mitliefern. Sie können mittlerweile für jede Großepoche so genannte ‚basics-Lehrbücher' erwerben, die Ihnen jedes Mal aufs Neue Aufbau und Struktur der Universität und des Geschichtsstudiums erklären, Ihnen die Regeln des wissenschaftlichen Arbeitens erläutern und einige grundlegende Methoden der

[65] [Carl] Ritters geographisch-statistisches Lexikon. Über die Erdtheile, Länder, Meere, Buchten, Häfen, Seen, Flüsse, Inseln, Gebirge, Staaten, Städte, Flecken, Dörfer, Weiler, Bäder, Bergwerke, Kanäle etc.; mit Angabe sämmtlicher Post-, Eisenbahnen- und Telegraphen-Stationen der wichtigeren Länder; für Post-Bureaux, Comptoirs, Kaufleute, Fabrikanten, Zeitungsleser, Reisende, Industrie- und Handelsschulen. 6., gänzl. umgearb., stark verm. u. verb. Aufl. unter Red. von Otto Henne am Rhyn. Nachdruck der Orig.-Ausg. von 1874. Essen 1983; 2004 als CD-Rom erschienen.

jeweiligen Epoche vorstellen.[66] Diese Lehrbücher zeichnet zudem eine stärkere Didaktisierung aus: Marginalien, zahlreiche Abbildungen sowie farblich hervorgehobene Einschübe mit Erklärungen, Quellen oder auch Hinweisen auf Internetressourcen leiten Sie durch den Text und sollen Ihnen vielfach das Lernen erleichtern; und auch die Ihnen aus unserem Büchlein vertraute direkte Ansprache ist dort vielfach nachgeahmt worden. Einmal ganz abgesehen davon, dass Sie eigentlich nicht mit jeder Epocheneinführung das Feld des wissenschaftlichen Arbeitens von Grund auf neu zu beackern brauchen, denn das ist aus unserer Sicht verlorene Zeit: Es liegen bereits genügend Publikationen vor, welche die Fundamente des jeweiligen Teilfaches weitaus präziser vor Augen führen. Wir wollen Ihnen daher in bewährter Manier Orientierung bieten, indem wir eine Auswahl besonders gelungener Einführungen kurz vorstellen. Auch hier können Sie naturgemäß keine Vollständigkeit erwarten, denn daneben gibt es zahlreiche weitere Einführungen. Sie werden zur Historischen Anthropologie und zur Kulturgeschichte ebenso fündig werden wie etwa zur außereuropäischen oder Umweltgeschichte. Weil der Großteil des geschichtswissenschaftlichen Grundstudiums nach wie vor zumeist entlang der klassischen Epocheneinteilung aufgebaut ist, empfehlen wir Ihnen im Folgenden aus der Fülle des Angebots lediglich ein einziges, Teilfächer übergreifendes Werk, das besonders gut gelungen ist, und beschränken uns darüber hinaus auf für die universitäre Lehre hervorragend geeignete Einführungen in die Alte, Mittelalterliche, Neuere und Neueste Geschichte sowie die Zeitgeschichte. Wir haben uns bei unserer Auswahl von folgenden Grundüberlegungen leiten lassen: Wo lassen sich geschichtswissenschaftliche Methoden und quellenkritische Überlegungen zu einzelnen Epochen zielgerichtet, kompakt und kompetent vertiefen? Welchen Stellenwert gewähren die Einführungen offenen Fragen und einer problemorientierten Herangehensweise, um Sie mit der Komplexität des Faches wie des Gegenstandes vertraut zu machen? Bevor Sie nun jedoch Ihren schmalen Geldbeutel weiter strapazieren und eines oder mehrere dieser oder anderer Bücher kaufen, noch ein Tipp: Verschaffen Sie sich in jedem Fall zunächst immer selbst einen Eindruck, etwa indem Sie sich die Bücher einmal ausleihen und prüfen, ob Sie unsere oder andere Einschätzungen dazu überhaupt teilen.

[66] In der Reihe UTB basics etwa: Martina Hartmann: Mittelalterliche Geschichte studieren. 3., überarb. Aufl. Konstanz 2011. Barbara Wolbring: Neuere Geschichte studieren. Konstanz 2006.

Zu den lesenswertesten Büchern in der Anfangsphase eines Geschichtsstudiums gehört zweifelsohne Volker Sellins allgemein gehaltene Einführung.[67] Der Heidelberger Historiker beginnt voraussetzungslos und führt Sie anhand bekannter historischer Vorgänge und Ereignisse in besonders gelungener Weise an methodisch-theoretische Fragen und die Komplexität wissenschaftlichen Denkens heran. Er vermittelt Ihnen einen vorzüglichen Eindruck davon, wie Historiker in der Praxis arbeiten, indem er kein fertiges Wissen ausbreitet, sondern in eine Art Dialog mit seinen Lesern tritt. Sellin nähert sich grundlegenden geschichtswissenschaftlichen Problemen immer wieder suchend, wirft Fragen auf, entwickelt Thesen, prüft, verwirft oder verifiziert diese – und Sie schauen ihm dabei lernend über die Schulter. Zwei ganz vortrefflich geglückte Kapitel sind zudem den Quellen des Historikers und der konkreten Arbeit mit ihnen gewidmet. Nicht nur Studienanfänger können und sollten dieses scharfsinnige und vorzüglich geschriebene Buch in einem Zug lesen, um eine substanzielle und zugleich anschauliche Vorstellung von den Theorien und Methoden unseres Faches zu gewinnen.

Eine Einführung in die Alte Geschichte, die Sie in den ersten Semestern gewiss mit großem Gewinn lesen werden, stammt aus der Feder von Hartmut Leppin.[68] In zwei systematischen Kapiteln behandelt er zunächst Gegenstand und Entwicklung des Faches sowie die althistorischen Grundwissenschaften, wobei er der Quellenpräsentation und -diskussion ebenso Raum gewährt wie der Chronologie und der Geographie. Auch die beiden großen Epochen der Antike – griechische und römische Geschichte – kommen ausführlich genug zu ihrem Recht, wobei dem Frankfurter Althistoriker das Kunststück gelingt, auf engstem Raum moderne methodische Ansätze einzubeziehen und die spezifische Quellensituation einzelner Zeitabschnitte zu charakterisieren. Immer wieder spricht er dabei offene und strittige Methoden- und Sachfragen an und regt Sie damit zum Weiterdenken an, nicht zuletzt auch, indem er weiterführende Literatur kurz qualifiziert. Ein gelungenes Praxiskapitel, in dem Leppin Ihnen Berufschancen und -felder für Althistoriker vorstellt, verschweigt auch die Risiken dieser Studienwahl nicht. Das Layout ist modern und leserfreundlich, fünf Karten helfen Ihnen ebenso bei der Orientierung wie ein zuverlässiges Register mit Glossar.

67 Volker Sellin: Einführung in die Geschichtswissenschaft. Erw. Neuausgabe. Göttingen $^{2}$2008.

68 Hartmut Leppin: Einführung in die Alte Geschichte. München 2005.

Für das Studium der Mittelalterlichen Geschichte greifen Sie am besten zur neuesten Auflage der hervorragenden Einführung von Hans-Werner Goetz, die Ihnen bereits in den Fußnoten des vorangegangenen Kapitels begegnet ist und die mit gutem Recht als Standardwerk bezeichnet werden darf.[69] Schon der Titel des fast 400 Seiten starken Buches weist die Zielgruppe deutlich aus. Der Hamburger Mediävist stellt Ihnen einschlägige Literatur und Quellen der Mittelalterlichen Geschichte ausführlich vor und führt Sie dann umsichtig und gründlich in die Arbeit mit diesen Materialien ein, weshalb sich dieses Buch auch besonders gut dazu eignet, das im Seminar erworbene Wissen zu wiederholen und zu vertiefen. Ebenso kompetent und prägnant erläutert Goetz Ihnen die grundlegenden hilfswissenschaftlichen Disziplinen und erörtert klassische wie jüngere mediävistische Methoden, Forschungsansätze und ihre Probleme. All dies geschieht auf sehr anschauliche Art und Weise. Das dokumentiert insbesondere die vorbildlich strukturierte Einführung in die Quellenarbeit, die dann einmal beispielhaft an einem Bericht Lamperts von Hersfeld umgesetzt wird.

Auf dem Feld der Neueren und Neuesten Geschichte ist das Einführungsangebot besonders vielfältig. Wir schlagen Ihnen hier die Darstellung des Münchner Frühneuzeitlers Winfried Schulze vor.[70] Wir lassen uns bei dieser Empfehlung keineswegs von Lokalpatriotismus leiten, sondern vielmehr von der klugen Anlage dieses anspruchsvollen, aber eben auch ertragreichen Buches. Schulze führt Ihnen die reizvolle Vielfalt der modernen Geschichtswissenschaft vor Augen, indem er grundlegende methodische Zugriffe, Bedeutungen und Themen der jüngeren europäischen und deutschen Geschichte diskutiert. Dazu gehören Epochendefinitionen und Quellen ebenso wie neuzeitliche Schlüsselbegriffe und Prozesse oder Theorieprobleme. Geradezu mustergültig versteht es Schulze, die übergreifenden und in sich teils widersprüchlichen Grundzüge der Epoche herauszuarbeiten: von der Modernisierung über die Säkularisierung bis hin zur Industrialisierung. Grundlegende Literaturhinweise beschließen jedes Kapitel dieses Werkes, auf das Sie auch in fortgeschrittenen Phasen Ihres Studiums mit Gewinn zurückgreifen können.

[69] Goetz: Proseminar (wie Fußnote 21).

[70] Winfried Schulze: Einführung in die Neuere Geschichte. 5., überarb. und aktual. Aufl. Stuttgart 2010.

Weil Schulzes Einführung vor allem in der Frühen Neuzeit und im 19. Jahrhundert Akzente setzt, wollen wir Ihnen noch eine Einführung in die Grundlagen zeitgeschichtlichen Arbeitens vorstellen. Aus dem vorliegenden Angebot haben wir uns für die grundsolide und gut lesbare Darstellung von Gabriele Metzler entschieden, die sich an Studienanfänger wendet und sich auch in erster Linie für diese eignet.[71] In vier größeren Kapiteln widmet sich die Zeithistorikerin Definitions- und Periodisierungsproblemen ebenso wie methodischen Grundfragen, stellt Ihnen differenziert und kompetent Quellen und eine Auswahl an Kernthemen der Epoche nach 1945 vor; zugleich bietet Sie Ihnen einen wichtigen und nützlichen zeitgeschichtlichen Serviceteil, der Sie unter anderem verlässlich über epochenspezifische Internetressourcen informiert. Gerade gegenüber einführenden Überblicksdarstellungen lässt sich immer einwenden, dieses oder jenes Thema sei unterbelichtet geblieben: Das scheint uns beckmesserisch, denn Metzler gelingt es durchweg überzeugend, die großen zeitgeschichtlichen Linien nachzuzeichnen: Das gilt etwa für demografische Entwicklungen und politische Handlungsfelder, aber auch für den epochalen Ost-West-Konflikt und den Basisprozess der europäischen Integration.

71 Gabriele Metzler: Einführung in das Studium der Zeitgeschichte. Paderborn u.a. 2004.

# 5. Neue Medien und ihr Nutzen für den Historiker

Zum alltäglichen Werkzeug des Historikers gehören heutzutage selbstverständlich die so genannten neuen Medien, Internet und E-Mail. Das heißt aber nicht, dass Sie sich mit elektronischen Feinheiten auskennen müssen. Und deshalb wollen wir Ihnen im Folgenden nun auch nicht erläutern, wie Sie Computer und Telefonanschluss internettauglich und E-Mail-fähig einrichten oder wie Sie sich vor Computerviren schützen, zumal die allermeisten Universitäten Ihnen Internet, E-Mail-Adressen und gelegentlich auch Antivirenprogramme kostenfrei zur Verfügung stellen. Vielmehr erhalten Sie Hinweise und Internetadressen, die einen handfesten Nutzen haben, um Ihr geschichtswissenschaftliches Studium noch erfolgreicher und zielorientierter zu gestalten.

Mit den online zugänglichen Bibliotheksangeboten und den diversen bibliographischen Recherchemöglichkeiten, die Schritt für Schritt ausgebaut werden, haben wir Sie bereits in Kapitel 2 vertraut gemacht. Diese sind unumstritten eine grundlegende Säule des geschichtswissenschaftlichen Arbeitens im Zeitalter des World Wide Web. Strittig ist dagegen der Stellenwert des Internets für Forschung und Lehre. Dies hängt unmittelbar mit einem großen Vorteil dieses dezentralen Mediums zusammen: seiner Offenheit für alle. Diese im Kern vorteilhafte und begrüßenswerte Offenheit birgt für das wissenschaftliche Arbeiten gravierende Nachteile. Denn ins Netz kann jeder ganz leicht und günstig (fast) alles stellen. Das bedeutet für Sie, dass Informationen nicht immer zwingend verlässlich sind, auch und gerade vor dem Hintergrund einer fortschreitenden Kommerzialisierung. Darüber hinaus können Seiten im World Wide Web rasch veralten, wenn sie nicht mehr gepflegt werden. Achten Sie deswegen darauf, wann die aufgerufene Seite zuletzt aktualisiert wurde. Das Datum der letzten Änderung sollte sich immer finden lassen, in den allermeisten Fällen ganz unten auf der jeweiligen Seite.

Eine kritische Haltung gegenüber dem Internet ist also mindestens ebenso wichtig wie gegenüber Gedrucktem, zumal viele Internetanbieter ihre Quellen nicht offenlegen. Als Wissensquelle unterliegt das Internet anderen Grundbedingungen als Printmedien, Funk oder Fernsehen. Entscheidend ist vor allem, dass das Informationsangebot im

Netz sicher flüchtiger ist als in den anderen Medien. Diese Kurzlebigkeit kann dazu führen, dass Sie entnommene Informationen innerhalb kürzester Zeit nicht mehr kontrollieren können, womit ein wissenschaftliches Kernelement unmittelbar betroffen ist: die Überprüfbarkeit dessen, was Sie vortragen oder schreiben.

Freilich ist eines festzuhalten: Für den ersten oder schlimmstenfalls sogar einzigen Zugang zu einem wissenschaftlichen Thema taugt das Internet keineswegs. Das müssen wir so ausdrücklich betonen, weil in einführenden Seminaren allen Hinweisen zum Trotz die zunehmende Tendenz zu beobachten ist, auf Informationen aller Art aus dem Internet zuzugreifen und diese nicht einmal korrekt zu belegen. Besonderer Beliebtheit erfreut sich dabei die freie Enzyklopädie *Wikipedia* (http://de.wikipedia.org), zu der jeder sein – oftmals eben auch falsches – Wissen beitragen darf. Manche Zeitgenossen übernehmen dieses vermeintliche Fachwissen dann ohne jede Prüfung für Ihr Referat, dürfen sich anschließend aber auch nicht über deutliche Worte Ihres Seminarleiters wundern. Halten wir also fest: Angesichts der gerade erörterten Flüchtigkeit und Offenheit dieses Mediums ist allerhöchste Sorgfalt angebracht.

Das wollen wir Ihnen an einem Beispiel kurz demonstrieren: **Automatische Internetsuchmaschinen** wie Google (http://www.google.de) oder AltaVista (http://www.altavista.com) spüren die eingegebenen Zeichenketten in allen über das World Wide Web zugänglichen Rechnern auf, was zu einer wahren Trefferflut führen kann. So ergab eine Suche nach *Caesar* im Februar 2011 über 20.000.000 Treffer bei AltaVista und rund 36 Millionen bei Google. Und selbst die etwas präzisere Eingabe Gaius Julius Caesar hilft nicht wirklich weiter. Wenn Sie nun einen der Google-Treffer auswählen, dann reicht es mitnichten, ihn in einer Fußnote mit „1. Treffer über Google“ zu belegen. Es ist für Ihre Zwecke ohnehin viel zu aufwendig, die Treffer abzuarbeiten, um sie auf handfeste und für Referat oder Hausarbeit verwertbare Informationen über Gaius Julius Caesar zu untersuchen – zumal Sie deren wissenschaftliche Qualität ohnehin erst nach detaillierter Quellen- und Literaturlektüre beurteilen können. Zwar listen viele Suchmaschinen Treffer in der Reihenfolge der Besuchshäufigkeit und Bedeutung von Internetseiten auf, was es wahrscheinlicher werden lässt, dass ein einschlägiger Treffer weit vorne zu finden ist. Aber selbst wenn die Internetsuchmaschinen natürlich wichtige Hilfsmittel bleiben, dürfen Sie nicht dem Fehlurteil aufsitzen, diese Maschinen seien objektiv. Vielmehr sind auch Google und AltaVista kommerzielle Anbieter, weshalb die angezeigten Ergebnisse durchaus von anderen Unternehmen bezahlte Treffer sein können, ohne dass dies auf den ersten Blick immer gleich offensichtlich ist. Und schließlich: Bei einer einfachen Suche zu einem NS-Thema können Sie auch auf einer Internetseite mit revisionistischen oder rechtsradikalen Inhalten landen, ohne sich dessen unmittelbar bewusst zu sein.

Aus der nahezu unüberschaubaren Vielfalt historischer Informationen im Netz wollen wir nun einige Angebote auswählen und Ihnen dabei seriöse und qualitativ hochwertige Internetseiten geschichtswissenschaftlichen Inhalts vorstellen. Wir gehen dazu vom Besonderen zum Allgemeinen, denn vor allem am Beginn Ihres Studiums werden Sie ganz nahe liegende praktische Fragen zu klären haben: Wann findet die nächste Sprechstunde des Dozenten statt? Welche Lehrveranstaltungen werden im laufenden Semester angeboten? Wir beginnen deshalb mit Bemerkungen zu den für Sie relevanten **Informationen unmittelbar vor Ort**. Dann stellen wir Ihnen **vier zentrale geschichtswissenschaftliche Informationsportale** vor, ehe wir Sie abschließend mit **Internetseiten zu Epochen-, Regional- und Sachdisziplinen** sowie einigen **Wissenschafts- und Forschungsinstitutionen** bekannt machen.

Aus dem Gesagten ergeben sich nahezu zwangsläufig die Auswahlkriterien für die hier vorgestellten Seiten. Für die größeren Portale gilt die Faustregel, dass sie bereits geraume Zeit etabliert oder von der öffentlichen Hand gefördert sein sollten. Alle Seiten sollten kostenfrei genutzt werden können, und sie müssen regelmäßig gepflegt sowie aktualisiert werden. Wir haben natürlich auch hier keine Vollständigkeit angestrebt, zumal diese ohnehin nicht zu erreichen ist. Aber die seriösen geschichtswissenschaftlichen Seiten sind nahezu alle untereinander verlinkt, weshalb Sie mit den genannten Adressen und Portalen über eine hervorragende Ausgangsbasis verfügen, um als Historiker gewinnbringend im World Wide Web zu arbeiten. Wir müssen allerdings hinzufügen, dass auf diesem Feld vieles im Fluss ist. Eine eindeutige Tendenz lässt sich zwar noch nicht erkennen, aber alle der mit knappen öffentlichen Mitteln geförderten Internetplattformen versuchen, ihre Themenpaletten in sämtliche geschichtswissenschaftliche Teilbereiche hinein zu verbreitern. Zugleich haben mehrere von ihnen begonnen, ihre Aktivitäten untereinander abzustimmen.

# 1. Fakultäten, Departments, Institute, Lehrstühle, Professuren

Im Prinzip bietet Ihnen mittlerweile fast jede geschichtswissenschaftliche Einrichtung eine eigene, mehr oder weniger aktuelle Webpräsentation, die Sie mit **lokalen Basis- und Studieninformationen** versorgt. Auch Ihr Historisches Institut oder Seminar finden Sie garantiert unter folgender Internetadresse: http://www.clio-online.de/site/lang__de/40208113/default.aspx. Zu den Basisinformationen zählen etwa postalische und E-Mail-Adressen, Telefonnummern, Sprechstunden, Lehrveranstaltungen sowie Publikations- und Forschungsschwerpunkte der Lehrenden an Ihrer Universität. Sie können sich zunehmend per E-Mail oder über Online-Verwaltungs-Systeme für Lehrveranstaltungen anmelden. Sollte dies (noch) nicht der Fall sein, dann finden Sie auf den Seiten Ihres Seminars, der Abteilung oder des Lehrstuhls aber in vielen Fällen Hinweise, wann und wo Sie sich in ausliegende Seminarlisten eintragen können. Viele Detailfragen, mit denen Sie stundenlang auf den Universitätsfluren warten, um in die Sprechstunden von Dozenten zu gelangen, lassen sich oftmals rasch im Netz oder per E-Mail-Anfrage klären. Aber auch als Grundlage für ein längeres Gespräch in der Sprechstunde sind Vorabinformationen sehr hilfreich – etwa das vorläufige Thesenpapier Ihres Referates oder eine erste Gliederung Ihrer Seminararbeit –, denn dann kann sich Ihr Dozent sorgfältig auf das gemeinsame Gespräch vorbereiten.

In einigen Fällen bieten Ihnen Webpräsentationen auch mehr oder weniger weit gediehene **Onlineeinführungen** in das Studium der Geschichtswissenschaft. Das gilt etwa für die Universität Konstanz mit einem Tutorium für das Studium der Neueren und Neuesten Geschichte (http://www.uni-konstanz.de/FuF/Philo/Geschichte/Tutorium) oder auch für das konzeptionell überzeugende und graphisch ansprechende Passauer Tutorium für die Historischen Hilfswissenschaften, das noch nicht ganz abgeschlossen ist (http://www.phil.uni-passau.de/histhw/TutHiWi). Und besonders pfiffig gemacht ist das Onlinetutorium zur Mittelalterlichen Geschichte in Tübingen, das zum Sommersemesteer 2007 gründlich überarbeitet wurde: Hier führt Sie der virtuelle Mönch Severin in die mediävistischen Grundlagen ein (http://www.mittelalter.uni-tuebingen.de/?q=tutorium). Mittlerweile sind vielfach Veranstaltungsteile und verschiedene Materialien über das Inter- oder universitäre Intranet abzurufen, etwa Literaturlisten, Zusammenfassungen von Sitzungen oder Hinweise auf schwer zugängliche Literatur und

Quellen. Sie finden mehr und mehr Informationen über Studienordnungen oder zu Tutorien, welche die Fachschaften oder Studierendengruppen vielerorts anbieten, um Ihnen den Einstieg in die einführenden Seminare zu erleichtern. Und nicht zuletzt ist das Netz aufgrund seiner Aktualität auch der geeignete Ort für kurzfristige Ankündigungen von Veranstaltungen und Gastvorträgen, die außerhalb des regelmäßigen Lehrveranstaltungsprogramms an Ihrem Studienort stattfinden.

Auf die **Homepage** des Faches Geschichte an **Ihrer Hochschule** zu gelangen ist eine Sache von wenigen Augenblicken, auch wenn Ihnen Aufbau und Struktur von Universitäten noch wenig vertraut sein sollten. Mit der Eingabe von http://www.uni-gesuchter ort.de landen Sie in der Regel auf der übersichtlich gestalteten Startseite Ihrer Universität. Von hier aus können Sie sich eigentlich immer bis zu den historischen Fächern durchklicken. Zwar variieren die Bezeichnungen von Hochschule zu Hochschule leicht, aber grundsätzlich sollten Sie auf der universitären Startseite nach Rubriken mit Bezeichnungen wie Fakultäten, Fachbereiche oder Departments suchen. Wenn Sie die entsprechende Rubrik angewählt haben, sollten Sie einen Überblick über die wissenschaftlichen Einrichtungen Ihrer Hochschule erhalten. Dort suchen Sie dann nach der Philosophischen Fakultät, dem Fachbereich Philosophie oder Geschichtswissenschaft oder dem Historischen Department. Auch wenn gelegentlich noch ein Schritt dazwischen geschaltet ist: Von der Leitseite der Fakultät, des Fachbereichs oder des Departments können Sie zumeist problemlos die Seiten einzelner geschichtswissenschaftlicher Institute, Abteilungen, Lehrstühle oder Professuren erreichen. Diese sind dann oftmals geordnet nach den Rubriken Mitarbeiter, Forschung oder Publikationen, Lehre und Aktuelles. Sie können sich detailliert über Mitarbeiter und laufende Lehrveranstaltungen informieren, erhalten gelegentlich sogar Einblicke in die Konzeption laufender Seminare. In einigen Fällen finden Sie auch Linksammlungen, die Sie zu weiteren wichtigen Adressen führen.

## 2. Allgemeine geschichtswissenschaftliche Ressourcen

Wir stellen Ihnen nun die in unseren Augen **vier wichtigsten geschichtswissenschaftlichen Internetportale** kurz vor. Diese liefern Ihnen einschlägige Informationen rund um Ihr Geschichtsstudium und ermöglichen es Ihnen, zusätzliche Seiten zu beinahe allen Teilgebieten unsere Faches aufzurufen.

**1.** Das Internetforum *Humanities-Net Sozial- und Kulturgeschichte*, kurz: *H-Soz-u-Kult* (http://hsozkult.geschichte.hu-berlin.de), ist ein Abkömmling der dezentralen amerikanischen H-Net-Initiative, die mit öffentlichen Mitteln internetbasierte Lehre und Forschung in den Geistes- und Sozialwissenschaften fördert (http://www.h-net.org/deutsch). *H-Soz-u-Kult* versteht sich selbst als zentrale Kommunikations- und Informationsplattform der deutschsprachigen Geschichtswissenschaften im Internet. Das 1996 von einer Arbeitsgruppe um Rüdiger Hohls begründete und am Institut für Geschichtswissenschaften der Humboldt Universität zu Berlin koordinierte Angebot wird heute weitgehend zentral moderiert von professionell tätigen Historikern für Historiker und für solche, die es einmal werden wollen. Sie können sich auf der Homepage mit Ihrer E-Mail-Adresse anmelden und erhalten dann (auf Wunsch einmal täglich gebündelt) E-Mails mit aktuellen geschichtswissenschaftlichen Informationen, die nahe-

Abb. 14: Startseite von H-Soz-u-Kult (http://hsozkult.geschichte.hu-berlin.de)

zu zeitgleich auf der Homepage von *H-Soz-u-Kult* bereitgestellt werden. *H-Soz-u-Kult* bietet ein breites Spektrum sachkundiger Beiträge, etwa zur modernen Politik-, Sozial- und Kulturgeschichte. Dazu zählen unter anderem Tagungsberichte, Vorstellungen laufender Forschungsprojekte, Forschungsdiskussionen, Inhaltsangaben neuester Zeitschriftenhefte und auch mehrere Rezensionen täglich, die Sie für den bibliographischen Feinschliff berücksichtigen sollten und die Sie auf dem Laufenden halten. Aber auch ganz praktische Informationen liefert dieses Internetforum: Für Sie sind im Laufe Ihres Studiums beispielsweise Stipendienausschreibungen und Stellenangebote interessant, zumal diese zunehmend nur noch im Internet veröffentlicht werden; zu den beachtenswerten Offerten gehören auch Praktikumsplätze und gelegentlich gleich dazu passende Wohnungsangebote.

**2.** Bei *historicum.net – Geschichtswissenschaften im Internet* (http://www.historicum.net) handelt es sich um ein Netzwerk. Zu diesem tragen geschichts- und kunstwissenschaftliche Institutionen ebenso bei wie einzelne Wissenschaftler. Der Plattform ist die Herkunft aus einem speziellen Internetprojekt zur Frühen Neuzeit noch anzumerken, denn eine Vielzahl der Angebote setzt frühneuzeitliche Akzente. Hervorgegangen ist *historicum.net* nämlich aus dem ursprünglich an der Ludwig-Maximilians-Universität München beheimateten *Server für die Frühe Neuzeit* (*sfn*). Bei *historicum.net* zeigt sich besonders deutlich, dass zunächst von öffentlichen Geldgebern angeschobene, wissenschaftliche Internetunternehmungen Anschluss an etablierte Institutionen suchen, denn die Bayerische Staatsbibliothek München hat dieses Netzwerk unter ihre Fittiche genommen. Die Angebote zur Literaturrecherche wurden in der Folge ausgeweitet. So können Sie sich etwa einen raschen und bequemen Überblick über die Neuanschaffungen der Bayerischen Staatsbibliothek zum Sondersammelgebiet Geschichte verschaffen. Kern des Netzwerks bleiben aber verschiedene inhaltliche Unterportale. Dazu zählen Fachgebiete wie beispielsweise die Französische Revolution, die Hexenforschung oder einzelne Länder wie etwa Frankreich oder Spanien. Diese bieten jeweils umfangreiche Informationen über Quellen sowie Literatur bis hin zu zentralen biographischen Artikeln und Tagungsankündigungen. Eng verschwistert mit *historicum.net* sind elektronische Zeitschriften wie das monatliche Rezensionsjournal *sehepunkte* und das dreimal jährlich erscheinende Themenheft *zeitenblicke*, die Sie von hier aus aufrufen können. Besonders interessant für Sie ist die Rubrik ‚Lehren und Lernen‘, die zahlreiche Informationen für die uni-

Abb. 15: Startseite von historicum.net (http://www.historicum.net)

versitäre Lehre enthält. Sie finden dort substanzielle Ausführungen zur Arbeit mit Quellen, zu Archivmaterial, bibliographische Dienste sowie Lehr- und Unterrichtsmaterialien. Über alle Neuigkeiten in diesem Portal können Sie sich mit einem monatlichen Newsletter auf dem Laufenden halten.

**3.** Der bereits 1995 von Tobias Berg begründete *Nachrichtendienst für Historiker* (*NfH*) (http://www.nfhdata.de) bündelt aktuell und seriös wissenschaftliche sowie populäre Informationen rund um das Thema Geschichte. Er bietet eine tägliche Presseschau historisch einschlägiger Artikel, die in aller Regel am Vormittag greifbar sind. In dieser Presseschau werden die Artikel bedeutsamer deutsch- und gelegentlich fremdsprachiger Ta-

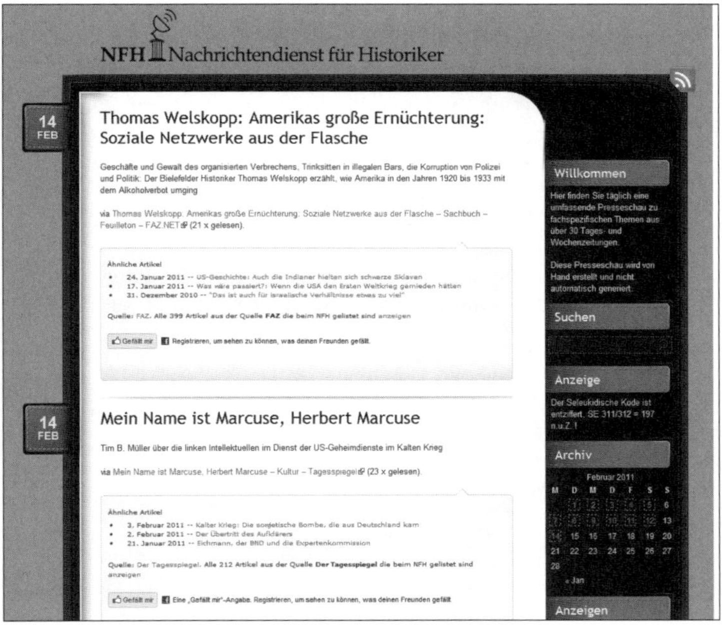


Abb. 16: Startseite des Nachrichtendienstes für Historiker (http://www.nfhdata.de)

geszeitungen und Magazine zusammengestellt, die eine Onlinefassung bieten. Hierunter finden Sie auch die aktuellen Meldungen aus der deutschen Wissenschaftslandschaft, denn der *NfH* wertet auch die Mitteilungen des Informationsdienstes Wissenschaft aus. Darüber hinaus versammelt der *NfH* Hinweise auf Neuerscheinungen auf dem historischen Buch-, CD-ROM- und DVD-Markt.

**4.** Der jüngste seriöse geschichtswissenschaftliche Spross im World Wide Web, den wir Ihnen empfehlen wollen, ist *Clio-online. Portal für die Geschichtswissenschaften* (http://www.clio-online.de), das am Institut für Geschichtswissenschaften der Humboldt Universität zu Berlin betreut wird. Der Name ist hier zugleich Programm (Clio ist die Muse der Geschichte), denn das von der Deutschen Forschungsgemeinschaft geförderte Portal bietet laut der Selbstdarstellung auf der Homepage „für die Geschichtswissenschaften im deutschsprachigen Raum einen zentralen Einstiegspunkt ins Internet.“ *Clio-online* ist bemüht, die geschichtswissenschaftlichen Internetressourcen zusammenzuführen, und kooperiert dazu eng mit mehreren Partnern, unter anderem dem Portal *H-Soz-u-Kult*, dem *Zentrum für Zeithistorische Forschung* (*ZZF*) in Potsdam (http://www.zzf-pdm.de) sowie verschiedenen Bibliotheken mit geschichtswissenschaftlichen Sondersammelgebieten. Besonders hilfreich sind die Metasuche nach Literatur und Quellen in mehreren Fachdatenbanken sowie ein Webverzeichnis der geschichtswissenschaftlichen Internetressourcen. Von den für Ihren bibliographischen Feinschliff nützlichen Onlinerezensionen von *Clio-online* war ja bereits

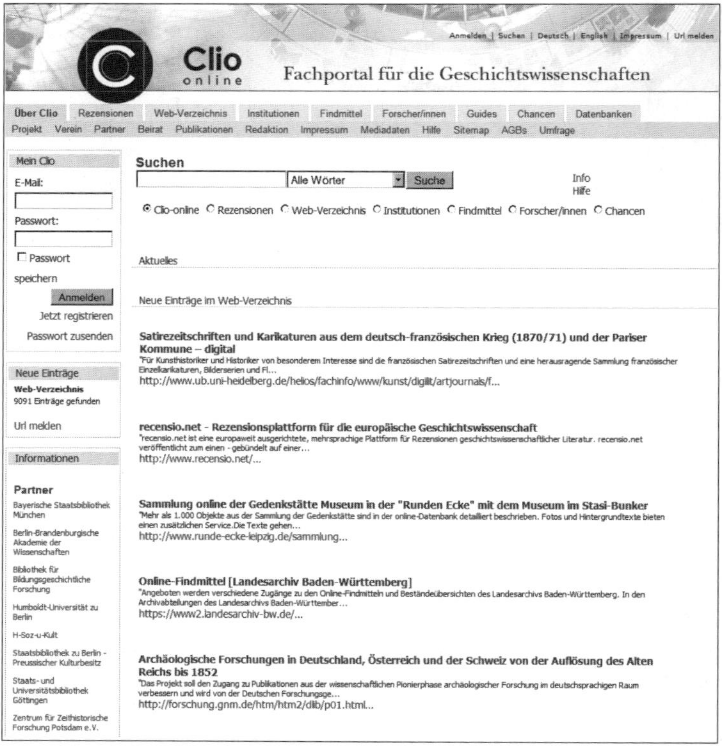


Abb. 17: Startseite von Clio-online (http://www.clio-online.de)

in Kapitel 2 die Rede, hier möchten wir Sie aber vor allem auf die Rubrik ‚Guides' hinweisen. Dort finden Sie verschiedene kompetente Überblicksartikel zu Regionen und Themen in historischer Perspektive, die in regelmäßigen Abständen aktualisiert werden. Ausgewiesene Fachleute machen Sie vertraut mit Onlineressourcen und ermöglichen Ihnen einen ersten Einstieg in Bereiche wie moderne Stadtgeschichte, wissenschaftliches Publizieren oder Geschichte Frankreichs. Darüber hinaus trägt *Clio-online* mit der Schriftenreihe *Historisches Forum* zum nachhaltigen elektronischen Publizieren bei: Hier werden Online-Beiträge zu geschichtswissenschaftlichen Themen gebündelt. Auch Themenportale werden Sie finden: Wer sich für Ursachen, Geschichte und Folgen des Ersten Weltkrieges (http://www.erster-weltkrieg.clio-online.de) oder die europäische Geschichte vom 18. Jahrhundert bis zur Gegenwart (http://www.europa.clio-online.de) interessiert, sollte die entsprechenden Portale kennen.

## 3. Epochen-, Sach- und Regionaldisziplinen, Wissenschaftsinstitutionen

Wenn Sie sich für historiographische Teilgebiete interessieren, dann sollten Sie als Startrampe die *Virtual Library Geschichte*, kurz: *VL Geschichte* (http://www.historisches-centrum.de/index.php?id=529), aufsuchen. Dieses ein wenig unübersichtlich struktuierte, aber nützliche Internetportal ist ein Teil der Internetverbünde *Virtual Library Deutschland* (http://www.uni-karlsruhe.de/Outerspace/VirtualLibrary) sowie *Virtual Library History* (http://vlib.iue.it/history). Hier werden geschichtswissenschaftliche Internetangebote gesammelt und kritisch beurteilt. Sie haben es also mit einer kommentierten Bibliographie des geschichtswissenschaftlichen Internetangebots zu tun. Der große Vorteil für Sie besteht darin, dass Sie jeweils eine kurze Zusammenfassung erhalten, was Sie unter einem Link erwartet.

Zugleich gelangen Sie von der zentralen Portalseite auf chronologische, geographische und thematische Sektionsseiten mit weitgehend einheitlichem Layout; diese betreuen in den meisten Fällen Historiker, Archivare oder Bibliothekare, die sich darum bemühen, ihre Sektionen regelmäßig zu aktualisieren. Neben Sektionen der klassischen geschichtswissenschaftlichen Großepochen – von der Alten Geschichte über die Frühe Neuzeit bis hin zur Zeitgeschichte – stehen auch europäische, landes- und regionalgeschichtliche Schwerpunkte und andere Gebiete der Geschichtsforschung, darunter die Historischen Hilfswissenschaften. Zu bedenken ist freilich, dass die Pflege und Betreuung dieser Seiten ehren- und nebenamtlich stattfindet. Daher variieren Informationswert und Aktualität des *VL Geschichte* teilweise erheblich und einige sehr nützliche Angebote sind abgeschaltet worden. Wir erläutern im Folgenden einschlägige Adressen der geschichtswissenschaftlichen Großepochen sowie derjenigen Regional- und Sachdisziplinen, die in der universitären Lehre fest verankert sind.

Zuerst die Epochen: Die Sektion **Alte Geschichte** der *VL Geschichte* (http://www.kirke.hu-berlin.de/vl/vlagdt.html) hilft Ihnen beim ersten Zugang zu altertumswissenschaftlichen Ressourcen im Netz. Aus diesen ragen hervor: die italienisch-deutsche Verbundplattform Teledidaktik und Multimediaverwendung auf dem Gebiet des Klassischen Altertums, des frühen Christentums, des Alten Orients und der Spätantike, kurz: *TELEMACHOS* (http://www.telemachos.hu-berlin.de), sowie der empfehlenswerte Katalog der Internetressourcen für die Klassische Philologie aus Berlin, kurz *KIRKE*

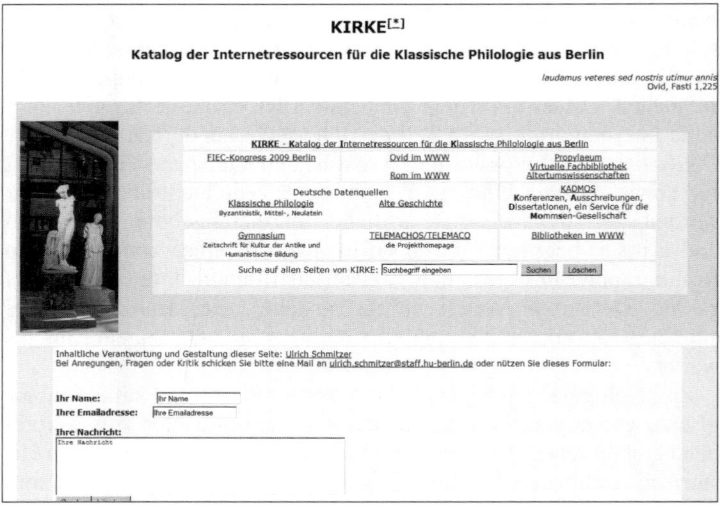


Abb. 18: Startseite des Katalogs der Internetressourcen für die Klassische Philologie aus Berlin (http://www.kirke.hu-berlin.de)

(http://www.kirke.hu-berlin.de). Alle drei zusammen genommen bieten Ihnen eine umfangreiche Linksammlung zu zentralen Aspekten der Altertumswissenschaften. Nützlich für Sie ist zudem die *Perseus Digital Library* (http://www.perseus.tufts.edu), die eine umfangreiche Sammlung elektronisch aufbereiteter Quellen, Karten und Pläne bereithält.

Da das **Mittelalter** in der VL Geschichte nicht vertreten ist, halten Sie sich am besten an die differenzierte, gut strukturierte und regelmäßig aktualisierte Linkliste der Abteilung für Mittelalterliche Geschichte der Universität Tübingen (http://www.mittelalter.uni-tuebingen.de/?q=links/links.htm). Die zumeist kurz kommentierten Links informieren Sie über unterschiedliche Epochen, Themen und Länder und bieten zugleich einschlägige Hinweise auf wichtige Quellensammlungen sowie digitalisierte Handschriften. Ergänzend eignen sich die entsprechenden Seiten der **Geschichtlichen Hilfswissenschaften** (http://www.vl-ghw.uni-muenchen.de). Als angehender Mediävist sollten Sie alle Wege zur *Monumenta Germaniae Historica* (*MGH*) führen, dem Deutschen Institut für Erforschung des Mittelalters (http://www.mgh.de), in dessen Bibliothek Sie online recherchieren können. Hier können Sie nach einer Sperrfrist von drei Jahren alle publizierten Quelleneditionen der *MGH* einsehen. Leicht zugänglich ist im Netz auch ein geschichtswissenschaftlicher Klassiker: der *Grotefend*, das Handbuch der historischen Chronologie (http://www.manuscripta-mediaevalia.de/gaeste/grotefend/grotefend.htm). Die über die reine Textwiedergabe hinausgehende Version erlaubt es Ihnen, Daten der Heiligenfeste nachzuschlagen und damit die bis weit in die Neuzeit verbreitete Datierung nach dem kirchlichen Festkalender in moderne Daten zu übertragen.

Die Sektion **Frühe Neuzeit** der *VL Geschichte* (http://www.historisches-centrum.de/index.php?id=66) ermöglicht Ihnen eine rasche Suche nach Internetressourcen mittels eines übersichtlichen, thematisch und chronologisch strukturierten Katalogs. Ebenso gut beraten sind Sie mit der an der Herzog August Bibliothek Wolfenbüttel beheimateten Linkliste *Frühe Neuzeit Digital (FND)*, die allerdings stärkere Schwerpunkte auf deutschsprachigen Ressourcen hat (http://www.hab.de/bibliothek/fachinfo/fnd).

Das **19. Jahrhundert** ist im Internet insgesamt unterrepräsentiert, wenn man dies mit seinem Stellenwert in der universitären Lehre und Forschung vergleicht. Zwei Ausnahmen bilden immerhin die Themen Napoleon Bonaparte (http://www.historicum.net/themen/napoleonbonaparte) sowie die vom Institut für Geschichtliche Landeskunde an der Universität Mainz verantwortete WWW-Seite *demokratiegeschichte.eu* (http://www.demokratiegeschichte.eu), die Wissenswertes rund um das Hambacher Fest von 1832 bietet. Das Fest und seine Folgen werden dabei nicht nur in den deutschen und europäischen Kontext eingebettet, sondern auch auf die Entwicklung der Demokratiebewegung bis zur Revolution von 1848/49 bezogen. Sie finden hier zudem einige Hinweise auf weiterführende Literatur und Links. Bedauernswert ist, dass es bisher keine zentrale wissenschaftliche Plattform zur Geschichte des Deutschen Kaiserreiches gibt. Solange behelfen Sie sich am besten mit den Informationen, die das *Deutsche Historische Museum Berlin* bereitstellt: http://www.dhm.de/lemo/html/kaiserreich.

Die übersichtlich strukturierte, am Historischen Zentrum Hagen angesiedelte Sektion **Zeitgeschichte** der *VL Geschichte* (http://www.historisches-centrum.de/index.php?id=65) liefert Ihnen einen verlässlichen Überblick über die seriösen Netzressourcen zur deutschen Geschichte seit etwa 1900. Aus den zahlreichen zeitgeschichtlichen Institutionen wollen wir zwei herausgreifen, die Sie als angehender Zeit-historiker (und auch Politologe) kennen sollten. In den Blick nehmen sollten Sie das außeruniversitäre *Institut für Zeitgeschichte München-Berlin* (*IfZ*) (http://www.ifz-muenchen.de). Sie haben auf diesen Seiten die Möglichkeit, in der Bibliothek des 1947 begründeten Instituts online zu recherchieren (aufgenommen sind auch unselbständige Veröffentlichungen). Nicht zu vergessen ist das bereits im Zusammenhang mit der Plattform *Clio-online* erwähnte *Zentrum für Zeithistorische Forschung* in Potsdam (*ZZF*) (http://www.zzf-pdm.de), dessen Mitarbeiter in erster Linie die Geschichte der DDR erschließen und Parallelen zwischen den beiden deutschen Diktaturen sowie die deutsch-deutsche Beziehungsgeschichte untersuchen. Sie können online im Katalog des Zentrums recherchieren oder sich einen Überblick über den vorhandenen Videobestand zur Zeitgeschichte verschaffen. Seit 2004 bieten die Potsdamer übrigens in Kooperation mit der *Staatsbibliothek zu Berlin – Preußischer Kulturbesitz* die Plattform *Zeitgeschichte-online* (*ZOL*) an (http://www.zeitgeschichte-online.de).

Einschlägig für alle Informationen rund um die an vielen deutschen Universitäten zu studierende **osteuropäische Geschichte** ist die Virtuelle Fachbibliothek Osteuropa, kurz: *ViFaOst* (http://www.vifaost.de), ein von der Deutschen Forschungsgemeinschaft gefördertes Wissenschaftsportal für den ost-, ostmittel- und südosteuropäischen

Raum. Das Portal ist seit Mitte 2003 mit der Sektion Geschichte online. Hier erhalten Sie übersichtlich strukturiert unter anderem bibliographische Informationen und Hinweise auf aktuelle Veranstaltungen. Besonders nützlich sind eine fortlaufend aktualisierte Aufsatzdatenbank zur osteuropäischen Geschichte, die rund 250 einschlägige Fachzeitschriften auswertet; viele weitere virtuelle Fachbibliotheken sind im Aufbau, offen ist zur Zeit, ob es gelingt, sie unter einem Dach zusammenzuführen.

Ein Teil des Verbundes *VL Geschichte* sind neben einer sehr hilfreichen Metaübersicht zu **Landes- und Regionalgeschichten** (http://www.kbl.badw-muenchen.de/vl) auch bereits mehrere regional- und landesgeschichtliche Linksammlungen, etwa zur Schleswig-Holsteinischen Geschichte (http://web.sdu.dk/mrh/vlsh), zur optisch ansprechend gestalteten Geschichte der Kurpfalz (http://www.kurpfalz-geschichte.de) und zur Bayerischen Landesgeschichte (http://www.uni-regensburg.de/Fakultaeten/phil_Fak_III/Geschichte/Bayern.html). Unabhängig von der VL Geschichte werden weitere landesgeschichtliche Angebote aufgebaut, etwa eines zur Westfälischen Geschichte, das getragen wird vom Institut für westfälische Regionalgeschichte (http://www.lwl.org/westfaelische-geschichte/portal/Internet).

Bleiben noch Teilbereiche des Faches, die in der deutschen *VL Geschichte* fehlen, uns aber wichtig erscheinen. So vermisst man die im Netz ohnehin vergleichsweise wenig präsente **Geschlechtergeschichte**, was auch mit fehlenden finanziellen und personellen Ressourcen zu tun haben mag. Zumindest beim internationalen Dachverband *Virtual Library History* ist die Geschlechtergeschichte präsent (http://www.iisg.nl/w3vlwomenshistory); hier erwartet Sie neben Kommentaren zu Netzadressen auch eine hilfreiche Literatur- und Aufsatzdatenbank. Zusätzlich wollen wir Ihnen drei wichtige deutschsprachige Internetadressen nennen: Eingängig informieren Sie sich über geschlechtergeschichtliche Fragestellungen, Literatur und Links beim *Arbeitskreis Historische Frauen- und Geschlechterforschung* (http://www.akgeschlechtergeschichte.de), beim *Zentrum für Interdisziplinäre Frauen- und Geschlechterforschung* (http://www.tu-berlin.de/zifg) sowie beim *Archiv der deutschen Frauenbewegung e.V.* in Kassel (http://www.addf-kassel.de), in dessen Archiv und Bibliotheksbeständen Sie online recherchieren können.

Ähnliches wie für die Geschlechtergeschichte gilt für die Teildisziplin **Umweltgeschichte**, die zudem auf eine intensive und internationale Zusammenarbeit mit zu einem wesentlichen Teil naturwissenschaftlichen Fächern angewiesen ist. Der Umweltgeschichte fehlt in Deutschland noch das institutionalisierte Zentrum innerhalb unseres Faches, zumeist ist sie an technik- sowie wirtschafts- und sozialgeschichtlichen Lehrstühlen beheimatet. Dennoch gibt es zwei zentrale Anlaufstationen im Netz: die umweltgeschichtliche Plattform des amerikanischen H-Net-Verbundes: *H-Environment* (http://www.h-net.org/~environ) sowie die Homepage der *European Society for Environmental History* (http://eseh.org). Beide Seiten bündeln umweltgeschichtliche Aktivitäten und Adressen, liefern bibliographische Auskünfte und im Falle von *H-Environment* einschlägige Besprechungen.

Rund um die **Bildungsgeschichte** informiert Sie das Fachportal *Historische Bildungsforschung Online*, kurz *HBO* (http:// www.fachportal-paedagogik.de/hbo), das unter anderem von der *Bibliothek für Bildungsgeschichtliche Forschung* (http://www.bbf.dipf.de) getragen wird. Für den wichtigen Teilbereich der **Religions- und Kirchengeschichte** gibt es leider (noch) keine einschlägige Internetplattform. Wichtigste Anlaufstationen im Netz sind daher die Seiten der *Evangelischen Arbeitsgemeinschaft für Kirchliche Zeitgeschichte* München (http://www.ekd.de/zeitgeschichte) sowie die ihres katholischen Pendants, der *Kommission für Zeitgeschichte* in Bonn (http://www.kfzg.de). Einen seriösen Zugang zum weiten Feld der **internationalen Geschichte** erhalten Sie über ein Unterportal von *historicum.net* (http://www.historicum.net/themen/internationale-geschichte).

Beschließen wollen wir dieses Kapitel mit einigen Hinweisen auf wichtige geschichtswissenschaftliche **Forschungs- und Wissenschaftsinstitutionen**. Einen raschen Überblick verschaffen Sie sich bei dem Ihnen ja nun schon wohl bekannten *clio-online* unter der Adresse: http://www.clio-online.de/site/lang__de/40208110/Default.aspx. Hier sollte für jeden etwas dabei sein, von A wie *Akademie der Bildenden Künste* München (http://www.adbk.de) bis Z wie *Zentrum für Antisemitismusforschung* Berlin (http://zfa.kgw.tu-berlin.de). Einmal davon abgesehen, dass viele dieser Einrichtungen für Sie erst in einem fortgeschrittenen Stadium Ihres Studiums interessant sind, etwa, wenn Sie sich spezialisieren: Bei einigen können Sie Stipendien oder Kurzzeitaufenthalte beantragen, Praktika absolvieren oder einfach Ihren geschichtswissenschaftlichen Horizont erweitern – nicht nur bei den Deutschen Historischen Auslandsinstituten in London (http://www.ghil.ac.uk), Paris (http://www.dhi-paris.fr), Rom (http://www.dhi-roma.it), Washington (http:// www.ghi-dc.org) und Warschau (http://www.dhi.waw.pl/de), sondern auch beim *Deutschen Historischen Museum* Berlin (http://www.dhm.de) oder beim *Hannah-Arendt-Institut für Totalitarismusforschung e.V.* (http://hait.tu-dresden.de).

# 6. Zeitschriften, Jahrbücher und ihre Schwerpunkte

Warum Sie Fachzeitschriften vom ersten Referat an konsultieren sollten, haben Sie ja bereits in Kapitel 2 erfahren. Aber um den bibliographischen Feinschliff überhaupt realisieren zu können, müssen Sie auch wissen, welche geschichtswissenschaftlichen Zeitschriften es gibt und welche Schwerpunkte sie haben. Sie sollten sich angewöhnen, alle neuesten Zeitschriftenhefte regelmäßig durchzusehen. Wenn Sie dies in etwa einmal vierteljährlich anvisieren, wird Ihnen nicht viel entgehen, und in den allermeisten Universitäten oder Instituten liegen die frisch erschienenen Hefte ohnehin einige Zeit gesondert aus. So verschaffen Sie sich leicht einen Überblick, welche methodischen und fachlichen Diskussionen stattfinden und bleiben ohne großen Aufwand auf dem Laufenden. In aller Regel finden Sie im ersten Heft oder in Jubiläumsjahrgängen (25, 50 oder 100 Jahre) einer Zeitschrift Ausführungen zur Ausrichtung, Gestaltung und Geschichte des jeweiligen Organs. Um sich den Neuorientierungen des Faches anzupassen, haben sich bei etlichen Zeitschriften in den letzten Jahrzehnten Erscheinungsweise, methodisches und thematisches Hauptaugenmerk gewandelt. Viele der im Folgenden genannten Fachzeitschriften geben so genannte Beihefte in eigenen Schriftenreihen heraus. Zumeist handelt es sich dabei um Monographien (z.B. Dissertationen) oder Quellendokumentationen, die eng mit der jeweiligen Zeitschriftenthematik verknüpft sind. Es lohnt sich für Sie also gegebenenfalls, auch die Schriftenreihen regelmäßig im Auge zu behalten.

Wir gehen nun auf Ihnen bereits vertraute Weise vor: Zu Beginn stellen wir Ihnen allgemeine, Themen und Epochen überschreitende Zeitschriften vor, ehe wir dann das epochale, regionale und sachliche Themenspektrum entfalten. Wir beschließen dieses Kapitel mit einigen Ausführungen zu elektronischen Zeitschriften und zu Rezensionsjournalen. Auch die Jahrbücher gehören hierher, denn sie zählen wie die Zeitschriften bibliothekarisch gesehen zu den Periodika. Der Unterschied besteht lediglich darin, dass ein Jahrbuch eben nur einmal pro Jahr, eine Zeitschrift dagegen zumeist in mehreren Heften erscheint, die dann ganz überwiegend zu einem Jahresband zusammengefügt werden. Wir haben jeweils zentrale und etablierte Periodika der einzelnen geschichtswissenschaftlichen Teilbereiche herausgegriffen, die Sie vom ersten Tag Ihres Studiums an kennen lernen sollten. Wenn Sie erst einmal länger im Geschäft sind, dann werden Sie sicher noch auf zahlreiche, hier nicht genannte Zeitschriften zurückgreifen, aber ganz gewiss immer wieder auch auf die folgenden.

Wir kommen also zunächst zu den **allgemeinen und übergreifenden** Zeitschriften. An erster Stelle sollten Sie das jahrzehntelang unangefochtene Flaggschiff der gesamten Zunft kennen, das immer noch ein zentrales Periodikum des Faches ist: die *Historische Zeitschrift* (*HZ*). Die jährlich sechs Hefte werden in zwei Halbjahresbänden gebündelt. Das 1859 von Heinrich von Sybel begründete Unternehmen ist Epochen und Themen übergreifend angelegt, hat gleich-

HISTORISCHE ZEITSCHRIFT

BEGRÜNDET VON HEINRICH VON SYBEL
FORTGEFÜHRT VON FRIEDRICH MEINECKE
UND THEODOR SCHIEDER

**In Verbindung mit**
**Jochen Bleicken, Knut Borchardt, Johannes Fried,**
**Klaus Hildebrand, Hartmut Leppin, Erich Meuthen,**
**Gerhard A. Ritter, Eberhard Weis**
**herausgegeben von**
**Lothar Gall**

**Band 276**

R. Oldenbourg Verlag München 2003

Abb. 19: Titelblatt der Historischen Zeitschrift, Bd. 276 (2003) wohl aber einen Schwerpunkt in der deutschen Geschichte. Es ist untergliedert in die Rubriken Aufsätze und Diskussionsforum; in letzterem finden Sie auch Sammelbesprechungen. Hinzu kommt ein nach Epochen strukturierter Rezensionsteil, der Ihnen die gesamte Breite unseres Faches erschließen hilft.

Die altehrwürdigen englischen, amerikanischen und französischen Schwestern der *HZ* werden Sie ebenfalls rasch kennen lernen: Die *English Historical Review* (*EHR*), 1886 ins Leben gerufen, erscheint fünf- und seit 2008 sechsmal jährlich mit Artikeln, kürzeren Notizen, Quellendokumentationen sowie Rezensionen und Buchanzeigen. Sie ist vornehmlich mit Themen der britischen Geschichte befasst, blickt aber durchaus auch über die Ufer der Inseln hinaus. Die *American Historical Review* (*AHR*) wird seit 1895/96 von der *American Historical Association* herausgegeben. Sie erscheint heute jährlich in fünf Heften und enthält neben Artikeln gelegentlich auch Themenforen. Hinzu kommen Sammel- und Einzelbesprechungen und – eine liebenswürdige und lesenswerte Eigenart der *AHR* – gelegentliche Rezensionen aktueller Kinofilme. Allen übergreifenden Tendenzen zum Trotz ist auch die seit 1876 erscheinende *Revue Historique* (*RH*) ganz überwiegend der französischen Geschichte verpflichtet. Hin und wieder sind einige der vier Hefte pro Jahr Themen zentriert, in aller Regel erwarten Sie aber Aufsätze, Miszellen, Besprechungen und Kurzanzeigen. Epochen übergreifend angelegt ist auch das Verbandsorgan der Geschichtslehrer Deutschlands, *Geschichte in Wissenschaft und Unterricht* (*GWU*). Seit 2011 fügen sich sechs Doppelhefte zu einem Jahrgang. Die 1950 erstmals erschienenen Hefte haben jeweils einen Themenschwerpunkt, und hier finden Sie durchaus auch einmal etwas zur Archäologie oder zur Vor- und Frühgeschichte. Nicht nur, aber vor allem für die zukünftigen Lehrer unter Ihnen sind zu guter Letzt Literaturberichte, didaktische Beiträge und Nachrichten aus dem Geschichtslehrerverband beachtenswert. Umfassend ausgerichtet sind auch die *Annales*, die Ihnen jährlich sechs Hefte anbieten. Hier handelt es sich unbestritten um die folgenreichste und weit über den französischen Sprachraum hinaus ausstrahlende Zeitschriftengründung des 20. Jahrhunderts. Warum, werden wir Ihnen noch im Methodenkapitel 7 erläutern. Erstmals erschien das von Marc Bloch und Lucien Febrve begründete Periodikum 1929 unter dem Titel *Annales d'histoire économique et sociale*. Es enthält Aufsätze zu verschiedenen innovativen Themenkreisen sowie Besprechungen.

Als Student eines der **altertumswissenschaftlichen** Fächer werden Sie ganz sicher *Historia. Zeitschrift für Alte Geschichte* kennen lernen.

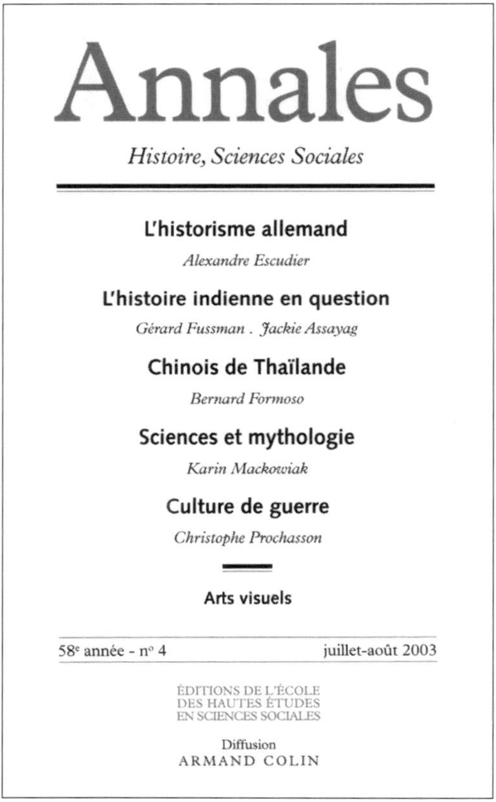

Annales

*Histoire, Sciences Sociales*

**L'historisme allemand**

*Alexandre Escudier*

**L'histoire indienne en question**

*Gérard Fussman . Jackie Assayag*

**Chinois de Thaïlande**

*Bernard Formoso*

**Sciences et mythologie**

*Karin Mackowiak*

**Culture de guerre**

*Christophe Prochasson*

**Arts visuels**

58e année - n° 4 juillet-août 2003

ÉDITIONS DE L'ÉCOLE
DES HAUTES ÉTUDES
EN SCIENCES SOCIALES

Diffusion
ARMAND COLIN

Abb. 20: Titelblatt der Annales, Jg. 58, Heft 4 (2003)

Sie erscheint in vier Heften pro Jahrgang und enthält seit 1950 Abhandlungen und Miszellen zu allen althistorischen Feldern bis hinein in die Spätantike. In zwei Heften pro Jahr tritt Ihnen *Klio. Beiträge zur Alten Geschichte* entgegen. Das seit 1902 erscheinende, zwischenzeitliche Zentralorgan der DDR-Altertumswissenschaft bietet Artikel, Besprechungen und Kurzanzeigen. Obwohl auch die Archäologie, die Geschichte Ägyptens, des Alten Orients sowie der Randkulturen berücksichtigt werden, liegt der Schwerpunkt jedoch auf der griechisch-römischen Geschichte. Und schließlich nennen wir Ihnen noch ein drittes Periodikum, dessen Anfänge bis 1890 zurückreichen: *Gymnasium. Zeitschrift für Kultur der Antike und Humanistische Bildung*. Jeder Jahresband enthält Beiträge, Berichte, Diskussionen und zahlreiche Besprechungen. Ein besonderer Akzent der Abhandlungen liegt auf den Feldern antike Literatur und Antikenrezeption in der Neuzeit.

Bestimmt wird Ihr Einführungsseminar zur **Mittelalterlichen Geschichte** Ihren Blick lenken auf das Organ *Frühmittelalterliche Studien. Jahrbuch des Instituts für Frühmittelalterforschung der Universität Münster* (*FMSt*), das seit 1967 besteht. Der Titel benennt den Schwerpunkt, und es erwarten Sie vor allem Aufsätze und einige Berichte aus dem Forschungsleben in Münster. Besonders hervorzuheben sind Orts-, Personen- und Sachregister, mit denen Sie sich alle Beiträge leicht erschließen können. Ins mittelalterliche Herz des Faches stoßen Sie vor mit dem Blatt *Deutsches Archiv für Erforschung des Mittelalters* (*DA*), dessen Vorgänger sich bis ins frühe 19. Jahrhundert verfolgen lassen. Das DA wird seit 1937 von der Ihnen im vorangegangenen Kapitel bereits begegneten Monumenta Germaniae Historica herausgegeben und besteht in aller Regel aus quellenkritischen Aufsätzen, Miszellen und diversen Besprechungen. Der jährliche Tätigkeits- und Institutsbericht der Monumenta leitet jeden Jahresband ein. Auf der Schwelle zwischen Mittelalter und **Historischen Hilfswissenschaften** angesiedelt ist das *Archiv für Diplomatik, Schriftgeschichte, Siegel- und Wappenkunde* (*AfD*). Es erscheint normalerweise in einem Band pro Jahr und enthält hilfswissenschaftliche Untersuchungen und Darstellungen.

Bereits weit in die **Frühe Neuzeit** hinein ragt die *Zeitschrift für Historische Forschung. Vierteljahresschrift zur Erforschung des Spätmittelalters und der frühen Neuzeit* (*ZHF*), die seit 1974 jährlich in vier Heften erscheint. Sie enthält Abhandlungen und Aufsätze, Berichte (etwa über Tagungen) und Kritik zu klar abgegrenzten Forschungsfeldern sowie jeweils eine ganze Reihe von Einzelbesprechungen. Mit dem *Archiv für Reformationsgeschichte. Internationale Zeitschrift zur Erforschung der Reformation und ihrer Weltwirkungen* (*ARG*) sind Sie dann endgültig in der Frühen Neuzeit angekommen. Seit 1903/04 liegt jährlich ein thematisch aufgestellter Aufsatzband rund um das universelle Thema Reformation vor, den seit 1972 als Beiheft ein übersichtlich gegliederter und kurz kommentierter Literaturbericht begleitet. Keinesfalls außer Acht lassen sollten Sie auch das seit 1977 erscheinende Organ *Das Achtzehnte Jahrhundert. Zeitschrift der Deutschen Gesellschaft für die Erforschung des achtzehnten Jahrhunderts*. Jährlich zwei, teils freie, teils thematisch gebundene Hefte ergeben einen Band. Sie enthalten Aufsätze sowie Besprechungen, die jeweils aus der Forschung und der Gesellschaft sowie über Tagungen berichten.

Aus dem weiten Feld der **Neuesten Geschichte und Zeitgeschichte** greifen wir sieben periodische Fachorgane heraus. Frühneuzeitliche Beiträge finden Sie auch noch in der insgesamt auf die Neuzeit konzentrierten, seit 1984 erscheinenden Zeitschrift *German History. The Journal of the German History Society*, die heute in vier Heften pro Jahrgang auf den Markt kommt. Sie besteht im Wesentlichen aus Artikeln, Tagungsberichten, Sammel- wie Einzelbesprechungen und Neuigkeiten aus der federführenden Gesellschaft; gelegentlich sind die Hefte einem speziellen Thema verschrieben. Angestoßen von dem Bielefelder Historiker Hans-Ulrich Wehler erscheint *Geschichte und Gesellschaft. Zeitschrift für Historische Sozialwissenschaft* (*GG*) seit 1975 jährlich in vier Heften, bis 2004 zumeist mit einem thematischen Fokus, der in aller Regel in der Neueren und Neuesten Geschichte liegt. Das Journal bietet vor allem sozial- und strukturhistorische Aufsätze und ein Diskussionsforum für neue Theorien und Methoden unseres Faches; hin und wieder wird über die Grenzen der Geschichtswissenschaft hinaus geschaut. Literaturberichte und Einzelbesprechungen finden Sie dort nur in wenigen Ausnahmefällen. Das *Archiv für Sozialgeschichte* (*AfS*) gibt die *Friedrich-Ebert-Stiftung* in Verbindung mit dem *Institut für Sozialgeschichte e.V.* Braunschweig / Bonn seit 1961 heraus. Dieses Jahrbuch vereinigt jeweils unter einem thematischen Dach Beiträge, Forschungsberichte und Rezensionen, überwiegend zur neueren und neuesten Sozialgeschichte. Seit wenigen Jahren finden Sie den Großteil der zahlreichen Rezensionen online: http://libary.fes.de/afs-online. Die *Vierteljahrshefte für Zeitgeschichte* (*VfZ*) sind das Hausorgan des *Instituts für Zeitgeschichte* (*IfZ*), das wir bereits in Kapitel 5 vorgestellt haben. Aufsätze, Diskussionen, Dokumentationen und kürzere Notizen bilden ihren Kern. Als Beilage der *VfZ* erscheint jährlich die Bibliographie zur Zeitgeschichte. Mit einem jahrzehntelangen Tabu hat das Herausgebergremium mittlerweile gebrochen, indem es nun auch Besprechungen publiziert, und zwar online; sie erscheinen in Zusammenarbeit mit dem Onlinerezensionsjournal *sehepunkte* (http://www.sehepunkte.de). Und übrigens: Hans Rothfels hat das erste Heft der *VfZ* 1953 mit einem achtseitigen, mittlerweile klassischen Aufsatz zur Programmatik des Faches eröffnet, dessen Lektüre Sie sich nicht entgehen lassen sollten.[72] Seit Anfang 2004 gibt es ein zeitgeschichtliches Konkurrenzunternehmen zu den *VfZ*: *Zeithistorische Forschungen. Studies in Contemporary History*

---

[72] Hans Rothfels: Zeitgeschichte als Aufgabe. In: Vierteljahrshefte für Zeitgeschichte 1 (1953), S. 1-8.

(*ZF/SCH*). Diese Zeitschrift ist ein Bestandteil des Internetportals *Zeitgeschichte-online*, eng verbunden mit dem *Zentrum für Zeithistorische Forschung* (*ZZF*) in Potsdam und kommt dreimal jährlich in einer Internet- und einer Print-ausgabe auf den Markt. Im Unterschied zu den *VfZ* wollen die *ZF/SCH* in ihren Rubriken ‚Aufsätze' und ‚Debatte' einen stärkeren Akzent auf die Epoche zwischen 1945 und 1990 legen. Auf Buchbesprechungen soll weitgehend verzichtet werden, dafür werden zeithistorisch einschlägige Internetseiten, CD-ROMs, Kino- und Fernsehfilme sowie Ausstellungen in den Blick genommen. Ein Jahresband des 1953 gegründeten, ehemaligen Aushängeschilds der DDR-Geschichtswissenschaft, der *Zeitschrift für Geschichtswissenschaft* (*ZfG*), besteht heute aus zwölf, hin und wieder thematisch angelegten Heften. Nahezu jedes Heft bietet Artikel, Diskussionen, Tagungsberichte und einen Besprechungsteil; wiewohl ein universeller Anspruch besteht, werden vor allem Schlaglichter geworfen auf die Neuere und Neueste Geschichte und hier insbesondere auf der Geschichte der DDR. Neben den deutschsprachigen Organen sollten Sie auch das seit 1966 auf dem Historikerzeitschriftenmarkt befindliche, englischsprachige *Journal of Contemporary History* (*JCH*) kennen, das sich im Wesentlichen aus Beiträgen und Sammelbesprechungen zusammensetzt. Auch wenn gelegentlich Seitenblicke erfolgen, hat es einen ausgesprochenen Schwerpunkt in der europäischen Zeitgeschichte.

Nicht nur als Einsteiger in die **osteuropäische Geschichte** sind Sie gut beraten, zu den *Jahrbüchern für Geschichte Osteuropas, Neue Folge* (*JBfGOE, N.F.*) zu greifen, die seit 1953 im Auftrag des seit 2007 in Regensburg angesiedelten *Osteuropa-Instituts* herauskommen. Die Beiträge der quartalsweise erscheinenden Hefte sind in deutscher und englischer Sprache verfasst und gegliedert in Abhandlungen, Forschungsberichte, Diskussionen zu kontroversen Themen sowie Rezensionen. Jedes Jahrbuch hat ein übersichtliches Register, in dem die Besprechungen nach Ländern und Regionen geordnet sind. Nicht fehlen sollte auch die *Zeitschrift für Ostmitteleuropa-Forschung* (*ZfO*), die im Auftrag des Marburger *Herder-Instituts* erscheint. Die 1952 begründete Zeitschrift firmierte bis 1994 unter dem Titel *Zeitschrift für Ostforschung*. Die vier jährlichen Hefte sind gegliedert in Aufsätze, Miszellen, Literaturberichte, Einzelbesprechungen sowie kürzere Anzeigen und haben Schwerpunkte in der Geschichte der baltischen Staaten, Polens, Tschechiens sowie der Slowakei.

Nicht zuletzt wegen des europäischen Integrationsprozesses ist der geschichtswissenschaftliche Zeitschriftenmarkt auf den Feldern mit

**europäischem und internationalem** Zuschnitt erheblich in Bewegung geraten. Seit 2000 erscheint das *Jahrbuch für Europäische Geschichte*, das seitens des *Instituts für Europäische Geschichte* Mainz herausgegeben wird. Und seit 2003 liegt das dreisprachige *Journal of Modern European History* (*JMEH*) vor, das ein renommiertes internationales Herausgebergremium verantwortet. Beide sind vorzugsweise vergleichenden Themen seit der Frühen Neuzeit gewidmet. Das *JMEH* bietet zwei Hefte pro Jahr. Mit ausgeprägt europäischen, insbesondere französischen Akzenten erscheint bereits seit geraumer Zeit Epochen überschreitend *Francia. Forschungen zur westeuropäischen Geschichte* teils auf deutsch, teils auf französisch. Dreimal jährlich seit 1973 vom *Deutschen Historischen Institut* Paris herausgegeben, besteht *Francia* aus Aufsätzen, Miszellen, Forschungs- und Methodendiskussionen sowie Rezensionen. Weiter gespannt ist der Themenkreis bei *Past & Present. A Journal of Historical Studies*. Dieses Periodikum ist seit 1952 auf dem Markt, heute mit vier Heften jährlich, und erschließt Felder der europäischen Geschichte von der Antike bis zur Zeitgeschichte. Ihnen begegnen neben den Aufsätzen Forschungsdebatten, Sammelbesprechungen und zahlreiche Einzelrezensionen. *Central European History* (*CEH*) behandelt seit 1968 Forschungsprobleme des deutschsprachigen Mitteleuropas aller Epochen. Die jährlich vier, von der *American Historical Association* herausgegebenen Hefte enthalten Beiträge, Tagungsberichte, Sammel- sowie Einzelbesprechungen.

Ein **rechtshistorisches** Muss ist die nach dem berühmten preußischen Juristen Friedrich Carl von Savigny benannte *Zeitschrift der Savigny-Stiftung für Rechtsgeschichte* (*ZRG*), die 1880 aus der Taufe gehoben wurde. Lassen Sie sich nicht dadurch verwirren, dass die *ZRG* Ihnen in drei selbstständigen Abteilungen (und damit in drei eigenständigen Bänden) entgegentritt: der Germanistischen Abteilung (*ZRG*, Germ. Abt.), der Romanistischen Abteilung (*ZRG*, Rom. Abt.) sowie der Kanonistischen Abteilung (*ZRG*, Kan. Abt.); sie haben jeweils unterschiedliche Rechtskreise im Auge, enthalten Epochen übergreifende Aufsätze, Miszellen und Besprechungen. Übrigens weicht die Bandzählung der *ZRG*, Kan. Abt., von jener der beiden anderen Abteilungen ab. Sie müssen aber dennoch auch die Zählung der Gesamtreihe beachten. Fast sollte man meinen, die Zeitschrift *Rechtsgeschichte* (*Rg*) gehöre nicht hierher, sind doch seit 2002 erst ganz wenige Bände erschienen – angelegt ist sie auf zwei pro Jahr. Aber dieses Periodikum steht in einer längeren Tradition, denn es hat das Jahrbuch *IUS Commune. Zeitschrift für Europäische Rechtsgeschichte* beerbt (erstmals 1967 erschienen) und wird wie sein ebenfalls mehrsprachiger Vorgänger vom *Max-Planck-Institut für europäische Rechtsgeschichte* in Frankfurt am Main verantwortet. Beide umfassen alle geschichtswissenschaftlichen Epochen, enthalten neben Aufsätzen Berichte, kritische Debatten und ausführliche Besprechungen von Neuerscheinungen.

Neben dem oben bereits skizzierten Verbandsorgan der Geschichtslehrer Deutschlands, *GWU*, ist für die Lehramtskandidaten unter Ihnen die Zeitschrift *Geschichte für heute. Zeitschrift für historisch-politische Bildung* einschlägig. Die Bundeszeitschrift des Verbandes der Geschichtslehrer Deutschlands erscheint seit 2009 in vier themenzentrierten Heften pro Jahr und führt mehrere, zuvor regional ausgerichtete Zeitschriften zusammen. Sie finden hier insbesondere Informationen und Beiträge zur Bildungspolitik sowie zur Förderung des Geschichtsbewusstseins und Buchbesprechungen. Ausdrücklich an Geschichtslehrer und solche, die es einmal werden wollen, richtet sich die sechsmal jährlich erscheinende *Praxis Geschichte. Zeitschrift für den Geschichtsunterricht in der Sek. I/II.* Seit 1987 enthalten die jeweils thematisch angelegten und reich bebilderten Hefte Beiträge, die konkret auf Unterrichtseinheiten in unterschiedlichen Klassenstufen zugeschnitten und mit didaktischen Hinweisen versehen sind. Ihnen begegnen hier zudem viele praktische Tipps, wie Sie die jeweiligen Themen medial aufbereiten und mit eigenen Materialien ergänzen können.

Auf dem Feld der **jüdischen Geschichte und Kultur** sollten Sie in jedem Fall das *Leo Baeck Institute Year Book* zur Hand nehmen, das seit 1956 einmal jährlich erscheint. Es behandelt grundsätzlich die Neuere und Neueste Geschichte der Juden im deutschsprachigen Mitteleuropa. Sie finden dort thematisch geordnete Aufsätze vor sowie eine umfangreiche und übersichtliche Bibliographie, der auch Zeitschriftenartikel beigefügt sind. Ebenfalls einschlägig sind die *Jewish Social Studies. History, Culture, and Society. New Series*, die in drei Heften einen das Kalenderjahr überschreitenden Band bilden. Die Vorgängerin reicht bis ins Jahr 1939 zurück. Jedes Heft enthält mehrere Aufsätze zur Sozialgeschichte jüdischen Lebens in der Moderne.

Wenn Sie sich für **geschlechtergeschichtliche** Fragen und Probleme interessieren, dann sollten Sie zu *L'Homme. Europäische Zeitschrift für Feministische Geschichtswissenschaft* greifen. Sie erscheint seit 1990, heute jährlich zweimal. Aufsätze, Interviews, Debatten und Kommentare sowie Rezensionen bilden die Rubriken der themenzentrierten Hefte. Ein zweites zentrales Forum ist *Querelles-Net. Rezensionszeitschrift für Frauen- und Geschlechterforschung* (http://www.querelles-net.de). *Querelles-Net* ist mehr, als der Untertitel verspricht. Die Onlinezeitschrift erscheint seit 2000 dreimal pro Jahr mit einem Themenschwerpunkt (wobei jedes Heft auch einen freien Teil enthält). Neben Besprechungen erwarten Sie im so genannten Forum eben auch verschiedene Aufsätze, Interviews oder kommentierte Bildersammlungen zum jeweiligen Thema.

Ob Sie **technik- sowie wirtschafts- und sozialgeschichtlich** exakt recherchiert haben, erkennt man sofort, wenn Sie mit der *Vierteljahrschrift für Sozial- und Wirtschaftsgeschichte* (*VSWG*) arbeiten, denn die Vierteljahrschrift hat wirklich kein Fugen-s, auch wenn Sie es noch so oft anders finden werden. Es gibt sie seit 1903, und sie liefert alle Informationen rund um das an vielen Universitäten mit einer Professur vertretene Teilfach: Aufsätze, Miszellen (das sind kürzere Beiträge), Besprechungen und schließlich auch eine aktuelle Umschau, in der Sie etwas über Tagungen und Personalia erfahren. Das *Jahrbuch für Wirtschaftsgeschichte (JWG) / Economic History Yearbook* war seit 1960 ursprünglich am *Institut für Wirtschaftsgeschichte bei der Akademie der Wissenschaften der DDR* beheimatet. Die in der Regel zwei Halbbände pro Jahr sind seit 1992 europäischen Wirtschaftsthemen der Moderne verpflichtet. Sie erwarten dort Abhandlungen, Diskussionen und Literaturberichte. Wir schlagen die noch junge Teildisziplin **Umweltgeschichte** zur Technik- sowie Wirtschafts- und Sozialgeschichte hinzu, auch wenn sie mittlerweile ein eigenes Profil entwickelt hat. Wir machen Sie für dieses Feld mit drei Zeitschriften bekannt. Zunächst ist *Environment and History* zu nennen. Dabei handelt es sich um ein interdisziplinäres Journal auf der Grenze zwischen Natur- und Geschichtswissenschaften, das seit 1995 vorliegt. Die jährlich vier Hefte präsentieren in einem breiten Zugriff umweltgeschichtliche Aufsätze aus allen Teilen und Epochen der Welt. Im Auge behalten sollten Sie sodann auch *Environmental History*, die Artikel und Buchbesprechungen enthält, seit 1996 ebenfalls vierteljährlich erscheint und sich dem historischen Problem der Wechselwirkungen zwischen dem Menschen und seiner natürlichen Umwelt verschrieben hat. Zuletzt bleibt noch die Zeitschrift *Technikgeschichte*, in der auch immer wieder umweltgeschichtliche Themen auftauchen. Sie ist zentrale Anlaufstelle für die an vielen Universitäten beheimatete Technikgeschichte, hervorgegangen aus einem gleichnamigen Jahrbuch, das erstmalig 1909 erschien. Sie enthält in vier jährlichen Heften zwei bis drei Aufsätze, Rezensionen von Büchern und Ausstellungen sowie eine Zeitschriftenumschau.

Auf dem Feld der **Wissenschafts- und Bildungsgeschichte** sollten Sie die *Berichte zur Wissenschaftsgeschichte* beachten. Sie sind seit 1978 das Organ der *Gesellschaft für Wissenschaftsgeschichte e.V.* und vereinigen jährlich vier Hefte. Thematisch zusammenhängende Beiträge werden mit selbständigen kombiniert, hinzu treten Dokumentationen, Tagungsberichte, gelegentliche Forschungsberichte sowie Besprechungen. Wichtig ist auch das seit 1966 herausgegebene Blatt *Sudhoffs Archiv. Zeitschrift für Wissenschaftsgeschichte*, dessen Anfänge ins frühe 20. Jahrhundert zurückreichen und von dem jährlich zwei Hefte vorliegen. Es enthält Aufsätze, medizin- und wissenschaftsgeschichtliche Quellenpublikationen und Besprechungen. Und zuletzt: Das erst seit 1998 erscheinende *Jahrbuch für Universitätsgeschichte* (*JbUG*) hat sich als wichtiges Diskussionsforum etabliert. Jeweils einmal jährlich erscheint es mit einem Themenschwerpunkt, doch hat es auch Raum für thematisch ungebundene Beiträge. Neben die Artikel treten Miszellen, Dokumente, Berichte aus den Universitätsarchiven sowie Rezensionen.

Auf dem Gebiet der **Kirchen- und Religionsgeschichte** erscheint die *Zeitschrift für Kirchengeschichte* (*ZKG*) dreimal jährlich. Ihre Wurzeln reichen bis in das Jahr 1877 zurück. Das Blatt enthält Aufsätze und einen als ‚literarische Berichte und Anzeigen' bezeichneten, ausgezeichneten Besprechungsteil. Die *ZKG* ist die einzige bedeutende deutschsprachige Zeitschrift, die Konfessionen übergreifend alle Epochen der Kirchengeschichte behandelt. Dann nennen wir Ihnen auch die *Zeitschrift für Neuere Theologiegeschichte* (*ZNThG*), die sich seit 1994 in zwei Heften pro Jahr kirchengeschichtlichen Themen seit der Aufklärung widmet. Sie ist interdisziplinär und überkonfessionell und enthält Aufsätze, Dokumente und auch Besprechungen. Hierher gehört auch das *Historische Jahrbuch* (*HJb*), eine der ältesten und angesehensten geschichtswissenschaftlichen Zeitschriften; es wird im Auftrag der *Görres-Gesellschaft* herausgegeben. Ursprünglich 1880 als schlagkräftiges Kampforgan gegen die liberal-protestantische Dominanz und die preußisch dominierte Geschichtsschreibung gegründet, spielt dieser Impuls heute naturgemäß keine Rolle mehr. Dennoch hat der Bezug auf die Geschichte der bis weit in die Neuzeit zentralen und auch heute noch wichtigen gesellschaftlichen Teilkategorie Religion starkes Gewicht. Jedes Epochen übergreifend angelegte Jahrbuch enthält verschiedene Beiträge und seit Band 121 (2001) die Rubrik Debatte und Kritik, in der Forschungsprobleme diskutiert oder mehrere Neuerscheinungen zu einem Themenfeld gebündelt besprochen werden.

Unter einem breiten kulturgeschichtlichen Dach setzt das *Archiv für Kulturgeschichte* (*AfK*) seit 1903 Akzente in größeren Zusammenhängen und umgreift alle Kulturräume. Gleichwohl ist ein gewisser Überhang an europäischen und deutschen Themen aus dem Mittelalter und der Neuzeit nicht zu verkennen. Das *AfK* erscheint zweimal jährlich und enthält neben Aufsätzen in der so genannten kulturgeschichtlichen Umschau auch Besprechungen. Dagegen ist die seit 1993 in jährlich drei Heften publizierte *Historische Anthropologie. Kultur Gesellschaft Alltag* ein Forum der neuen **Kultur-, Alltags-, Mentalitäten- und Mikrogeschichte**. Gegliedert in die Rubriken ‚Aufsätze', ‚Forum', ‚Lektüren' stehen hier in epochen-, kultur- und fächerübergreifender Perspektive Praktiken im Mittelpunkt, mit denen Menschen ihre (auch natürliche) Umwelt wahrnehmen, erleiden und konstruieren. Der bevorzugte Blick gilt dem kleinen Raum, auf den makrogeschichtliche Strukturen und Prozesse bezogen werden. Unter ‚Lektüren' finden Sie Besprechungen kulturgeschichtlicher Neuerscheinungen.

Und auch die **Landes- und Regionalgeschichte** darf bei unserem Gang durch die geschichtswissenschaftliche Zeitschriftenlandschaft nicht fehlen. Nahezu jede mehr oder weniger historisch gewachsene Region – vom heutigen Bundesland über Kreise bis hinab zu kleineren Städtchen und Orten – hat eine eigene historische Zeitschrift. Sie reichen von Nord (*Zeitschrift der Gesellschaft für Schleswig-Holsteinische Geschichte, ZSHG*) bis Süd (*Zeitschrift für Bayerische Landesgeschichte, ZBLG*) und von West (*Jahrbuch für westdeutsche Landesgeschichte, JbwestdtLG*) bis Ost (*Forschungen zur Brandenburgischen und Preußischen Geschichte, Neue Folge, FBPG, N.F.*). Vielfach veröffentlichen und finanzieren wissenschaftliche Akademien, Gesellschaften oder historische Vereine diese landes- und regionalgeschichtlichen Organe. Einzig die *Blätter für deutsche Landesgeschichte* (*Bll.dt.L.G.*) möchten wir Ihnen kurz etwas näher vorstellen, weil Sie hier Informationen aus nahezu allen deutschen Regionen finden. Die Jahresbände werden herausgegeben vom *Gesamtverein der deutschen Geschichts- und Altertumsvereine* und erscheinen schon seit 1852. Sie erwarten dort Aufsätze zu verschiedenen Ländern und Regionen sowie regional geordnete Berichte wissenschaftlicher Institute und Unternehmungen und auch Vereinsnachrichten. Vorzüglich und detailliert sind die Sammelbesprechungen, die Sie dort finden. Sie sind unterteilt in einen von Band zu Band thematisch variierenden allgemeinen Teil und einen landschaftlichen Teil mit Berichten aus einzelnen Regionen.

Wir kommen zu unserem letzten Punkt. Ausschließlich elektronische Zeitschriften, **electronic magazines**, kurz: eZines, sind in der Geschichtswissenschaft immer noch eher die Ausnahme als die Regel. Aber das, was bei der ersten Auflage dieses Büchleins noch ein zartes Pflänzlein war, hat sich beträchtlich entwickelt. Denn viele der in diesem Kapitel vorgestellten Zeitschriften und Jahrbücher können Sie mittlerweile auch online lesen. Nahezu alle Universitätsbibliotheken bieten neben einer Printausgabe elektronische Fassungen der von ihnen abonnierten Fachzeitschriften an. Der Zugriff auf diese E-Zeitschriften ist vielfach auf das Netzwerk Ihrer Universitätsbibliothek beschränkt. Auch wenn nicht immer alle Jahrgänge einer gesuchten Zeitschrift frei geschaltet sind, sollten Sie sich vor Ort informieren, wie Sie diesen praktischen Onlineservice nutzen können.

Auf breiter elektronischer Basis steht im Fach auch ein anderer Teil des wissenschaftlichen Betriebs: das **Rezensionswesen**. Nach wie vor gibt es reine Rezensionszeitschriften wie etwa die 1956 begründete *Neue Politische Literatur. Berichte über das internationale Schrifttum* (*NPL*). In den jährlich drei Heften finden Sie Essays und Sammelbesprechungen sowie zahlreiche Einzelrezensionen vornehmlich zur Neueren und Neuesten Geschichte. In die Rubrik der reinen Rezensionszeitschriften gehört auch das *Historisch-Politische Buch* (*HPB*). Das 1953 erstmals erschienene, jährlich sechs Hefte umfassende Organ ist geordnet nach epochalen und thematischen Gesichtspunkten; in aller Regel beginnt ein Heft mit einer Leitbesprechung zu einem Thema oder einem Buch. Besonders hilfreich sind die Register, die einen zusammengebundenen Band erschließen helfen. Aber der Rezensionsbereich verlagert sich zunehmend ins Internet. Mit dem Historischen Jahrbuch hat 2001 eine erste renommierte Zeitschrift ihre Einzelbesprechungen komplett eingestellt, verbunden mit dem Hinweis auf die verstärkte „Konkurrenz des sich zügig erweiternden Internetrezensionswesens“.[73] Auf die Onlinerezensionen von *Clio-online* haben wir Sie ja bereits aufmerksam gemacht und es sei auch nochmals an die Internationale Bibliographie der Rezensionen geistes- und sozialwissenschaftlicher Literatur (IBR) erinnert. Darüber hinaus gibt fest etablierte reine Onlinerezensionsjournale wie *sehepunkte. Rezensionsjournal für die Geschichtswissenschaften* (http://www.sehepunkte.de) mit einem zunehmend alle geschichtswissenschaftlichen Teilbereiche umfassenden Angebot oder – bereits

[73] Franz J. Felten u.a.: Vorwort. In: Historisches Jahrbuch 121 (2001), S. Vf., hier: S. V.

seit 1993 online – *The Medieval Review* (*TMR*) (http://scholarworks.iu.edu/dspace/handle/2022/3631), mit Besprechungen zu allen Neuerscheinungen der mittelalterlichen Forschung; dieses Netzangebot lief zunächst unter dem Namen *Bryn Mawr Medieval Review*. Sie können auf der Startseite über die Rubrik Archiv sämtliche bisher veröffentlichte Rezensionen recherchieren und sich in die Mailingliste aufnehmen lassen. Rezensionen werden zudem über zahlreiche E-Mail-Dienste verteilt, den Service von *H-Soz-u-Kult* haben wir Ihnen ja schon vorgestellt.

Sofern die in diesem Kapitel vorgestellten Zeitschriften eine Abkürzung ihres Titels angeboten haben, haben wir Ihnen diese jeweils in Klammern mitgeteilt. Es lohnt sich, wenn Sie sich wenigstens die Kurzformen der wichtigeren Organe im Laufe der Zeit einprägen. Innerhalb der Zunft spricht man beispielsweise selbstverständlich von „der *HZ*“, wenn man die *Historische Zeitschrift* meint, oder von „der *GWU*“, kein Mensch sagt stattdessen *Geschichte in Wissenschaft und Unterricht*. Welche Abkürzungen gängig und deshalb merkenswert sind, werden Sie bald herausfinden.

# 7. Zentrale Methodenfragen

In unserem Fach gibt es zweifellos viele Daten und Fakten. Wohl auch deshalb ist es ein gerade unter Anfängern weit verbreiteter Irrtum, dass das Geschichtsstudium in erster Linie ein Lernen von Daten und Fakten sei. Umso größer ist dann die Überraschung, wenn in den einführenden Seminaren über Theorien und Methoden unserer Wissenschaft gesprochen wird. Diesem Erstaunen wollen wir vorbeugen und Sie mit einigen Grundproblemen dieses Themengebietes vertraut machen. Sie werden mit fortschreitendem Studium ganz gewiss auf viele weitere Theorieprobleme stoßen, denn unser Streifzug kann natürlich nicht den Anspruch erheben, eine umfassende methodische Einführung in das Fach Geschichte zu sein. Vielmehr beschränken wir uns auf jene Fragen und Felder, die Ihnen unweigerlich bereits in den ersten Semestern begegnen werden.[74] Dies sind erstens einige methodische Grundüberlegungen, die Ihnen helfen sollen, historische Realitäten in ihrer Vielfalt zu verstehen, zu erfassen und mit möglichst präzisen Begriffen zu analysieren; zweitens geben wir Ihnen einige Tipps, wie Sie historisches Material methodisch sinnvoll und reflektiert ordnen können.

## 1. Wie lässt sich Geschichte erfassen?

Zunächst einmal ist Ihr ganzes Wissen über historische Daten und Fakten nahezu wertlos, wenn diese unverbunden nebeneinander stehen. Sie müssen Ihr Wissen folglich organisieren, um es zu vermitteln und auch überprüfbar zu machen. Da die historischen Daten und Fakten selbst in den meisten Fällen unumstritten sind, sind diese an sich auch weniger interessant. Weitaus bemerkenswerter ist dagegen Ihre Zusammenstellung und Deutung des Materials. Das heißt, erst Sie verleihen historischen Tatsachen mit Ihrer Wertung eine ganz be-

---

[74] Die beiden im Folgenden genannten Sammelbände enthalten eine Reihe weiterführender Beiträge, die sich insbesondere an Studierende richten: Hans-Jürgen Goertz (Hrsg.): Geschichte. Ein Grundkurs. 3., rev. und erw. Aufl. Reinbek bei Hamburg 2007. – Christoph Cornelißen (Hrsg.): Geschichtswissenschaften. Eine Einführung. Frankfurt/M. $^{4}$2009.

stimmte Bedeutung. Und weil Ihre Sicht der Dinge letztlich eben eine individuelle Sicht ist, müssen Sie offen legen, wie Sie zu dieser oder jener Deutung gekommen sind und weshalb Sie Ihr Material so und nicht anders zusammengestellt haben.

Vor allem aber sollten Sie den Weg zu Ihren Ergebnissen für Zuhörer wie Leser nachvollziehbar machen. Das nennt man **Methode** (von griech. méthodos = Weg zu etwas hin). Jede historische Fragestellung kann ein andersartiges methodisches Verfahren erfordern. Grundsätzlich gilt, dass alle geschichtswissenschaftlichen Methoden Ihnen den Weg ebnen sollen von der Frage zur Antwort, vom Erkenntnisinteresse zum ausgewogenen Urteil. Das heißt, Sie entwickeln anhand eines konkreten historischen Problems ein Verfahren, um die vorhandenen Daten und Fakten Ihrer Leitfrage zuzuordnen. Damit ist die Methode für Sie zugleich das zentrale Hilfsmittel, um aus der Stofffülle überhaupt eine Auswahl treffen zu können. Mit einer solchen Maßnahme sichern Sie sich gegen Kritik ab, denn jeder kritische Einwand muss sich an einer Methode und ihrer Plausibilität messen lassen. Umgekehrt befähigt Sie ein methodisches Vorgehen dann naturgemäß auch zu eigener Kritik, denn es setzt ja ein gründliches Nachdenken über eine möglichst überzeugende Vorgehensweise geradezu zwingend voraus.[75] Vor diesem Hintergrund wollen und können wir Ihnen im Folgenden kein verbindliches Angebot historischer Methoden unterbreiten. Das würde Ihnen angesichts der vielfältigen Zugriffe und Konzepte in unserem Fach auch nur kurzfristig weiterhelfen. Darüber hinaus ist es heute durchaus fraglich, ob es so etwas wie eine ureigene geschichtswissenschaftliche Methode überhaupt gibt.

Bis ins 20. Jahrhundert hinein galt dagegen der so genannte **Historismus** als geschichtswissenschaftliche Leitmethode. Einen zentralen Gedankengang dieser Methode hat der Historiker Leopold von Ranke in einer berühmt gewordenen Formulierung eingefangen: „Jede Epoche ist unmittelbar zu Gott, und ihr Wert beruht gar nicht auf dem, was aus ihr hervorgeht, sondern in ihrer Existenz selbst, in ihrem eigenen Selbst.“[76] Das klingt für uns heute recht schwülstig und reli-

---

[75] Anregende und anschauliche Beispiele zu diesen Problemen finden Sie bei Sellin: Einführung (wie Fußnote 67), S. 83-97.

[76] Erster Vortrag vom 25.9.1854. In: Leopold von Ranke: Über die Epochen der neueren Geschichte. Neunzehn Vorträge vor König Maximilian von Bayern. München und Leipzig 1917, S. 15-19, hier: S. 17. Zum Historismus vgl. Annette Wittkau-Horgby: Historismus. Zur Geschichte des Begriffs und des Problems. 2., durchges. Aufl. Göttingen 1994.

giös überladen, enthält aber eine wichtige Grundaussage. Danach dürfen Sie als Historiker Ihrem Untersuchungsgegenstand gegenüber nicht ungerecht sein, auch wenn Sie die Zukunft der von Ihnen untersuchten Vergangenheit kennen. Unmittelbar mit dieser Überlegung zusammen hing indes die Idee, aus den Quellen rekonstruieren zu können, wie es „eigentlich gewesen ist“ – eine Annahme, die mittlerweile überholt ist, wie wir Ihnen gleich noch zeigen werden.

Ein weiterer methodischer Klassiker ist Ihnen in unserem Buch bereits begegnet: die **Hermeneutik** (von griech. hermēneúein = auslegen, erklären). Sie galt lange Zeit als die geisteswissenschaftliche Methode schlechthin. Ihr Leitbegriff ist das **Verstehen**, denn im weitesten Sinne dient die hermeneutische Methode dazu, Sinnzusammenhänge einfühlend zu erfassen und sie anschließend aufzuschlüsseln. Eine zentrale Grundannahme der Hermeneutik besteht darin, dass Ihre forschende Tätigkeit immer auf einem Vorverständnis aufbaut. Unabhängig davon, welches Vorverständnis Sie mitbringen: Sie wissen bereits etwas über Ihr Thema, und das lenkt auch Ihre Fragen zunächst in eine bestimmte Richtung. Auf diesen Sachverhalt hat vor allem der Philosoph Hans-Georg Gadamer hingewiesen.[77] Die Hermeneutik und ihr Leitbegriff des Verstehens standen lange Zeit in schroffem Gegensatz zum naturwissenschaftlichen **Erklären**. Dieser Gegensatz hat seine Schärfe heute verloren, unter anderem deshalb, weil auch die Naturwissenschaften nicht mehr ausschließlich mit exakt messbaren Verfahren, sondern etwa auch mit Modellen arbeiten. Wir haben Ihnen bereits in den Kapiteln über das Bibliographieren und das Lesen das Bild der **immer enger werdenden Spirale** vor Augen geführt, welches den Erkenntnisfortschritt des hermeneutischen Vorgehens veranschaulichen soll. Dieses Bild trifft den Kern der Methode besser als das des hermeneutischen Zirkels, das vielfach verwendet wird, um das Zusammenwirken von Vorverständnis und Wissenszugewinn zu beschreiben. Je weiter Sie sich auf ein Thema einlassen und je mehr neue Erkenntnisse Sie erlangen, desto unwichtiger können vormals vermeintlich wichtige Ergebnisse werden. Das kann umgekehrt natürlich ebenso für zuvor unwichtige Resultate gelten. Jeder Fortschritt wiederum beeinflusst und verändert Ihr Erkenntnisinteresse.

Methodische Zugänge wie Historismus und Hermeneutik zeigen Ihnen, dass die Historiker ihre Ergebnisse im Gegensatz zu Naturwis-

77 Hans-Georg Gadamer: Wahrheit und Methode. Grundzüge einer philosophischen Hermeneutik. 2., durch einen Nachtrag erw. Aufl. Tübingen 1965.

senschaftlern nicht in Formeln angeben können, denn ihr primäres Untersuchungsobjekt ist der stets unberechenbare Mensch. Umgekehrt besehen muss aber auch die Tatsache, dass der Forscher selbst ein Mensch mit all seinen Prägungen und Interessen ist, methodisch kontrolliert und eingefangen werden, denn Historiker greifen bewusst oder unbewusst auch auf eigene Erfahrungen zurück. Auch Historiker sind fest verwurzelt in ihrer Gegenwart und nehmen mehr oder weniger bewusst teil an gesellschaftlichen Veränderungen. Sie gehören einer bestimmten Nation, einer sozialen Schicht und möglicherweise auch einer Glaubensrichtung an. Von all diesen Faktoren sind ihre Leitfragen nicht zu trennen, mit denen sie sich historischen Sachverhalten nähern. Also führt allein schon ihr je eigener Standpunkt in der Gegenwart zu einer immer wieder anderen **Perspektive** auf die Geschichte. Schon als angehender Historiker sollten Sie sich deswegen darüber im Klaren sein, dass Sie als Historiker vor allem in zweierlei Hinsicht an **Konstruktionsprozessen** beteiligt sind.

Erstens konstruieren Sie vergangene Zeiten, denn Sie geben ja lediglich einen historischen Ausschnitt wieder, da Sie aus allen vorhandenen Fakten die aus Ihrer Sicht für Ihr Thema bedeutsamsten auswählen.[78] Damit erzeugen Sie ein konkretes Bild der Vergangenheit, aber eben auch nur eines von unendlich vielen denkbaren Bildern. Dieses Bild ist auch nicht vollständig, weil Sie ja auswählen und sich damit beschränken. Diese Unvollständigkeit hat gleichfalls damit zu tun, dass vergangene Wirklichkeiten ebenso subjektiv wie Ihre eigene sind.

Wir wollen dies an einem Beispiel kurz konkretisieren: Für alle Epochen gilt, dass die Sichtweisen von Unterschichten für den Historiker schwerer zu ermitteln sind als die der Eliten. Dies hat vor allem damit zu tun, dass wir überwiegend mit schriftlichen Quellen arbeiten. Und die bis weit ins 19. Jahrhundert hinein zumeist schriftunkundigen Unterschichten gehörten nun einmal in der allergrößten Zahl der Fälle zu der Gruppe, die eher selten schriftliche Zeugnisse hinterlassen hat. Somit können Sie oftmals nur mittels Quellen von Eliten auf die Realitäten von Unterschichten schließen. Diese gebrochene Perspektive müssen Sie methodisch kontrollieren und auch offen legen.

Zweitens ist die Beschäftigung mit der Geschichte nicht ohne einen Gegenwartsbezug denkbar, denn Historiker müssen auch auf gesell-

[78] Vgl. grundlegend dazu Chris Lorenz: Konstruktion der Vergangenheit. Eine Einführung in die Geschichtstheorie mit einem Vorwort von Jörn Rüsen. Köln u.a. 1997.

schaftliche Veränderungen reagieren und daraus neue Fragen an die Vergangenheit ableiten. Jede Zeit stellt ihre eigenen Fragen und konstruiert damit auch die Vergangenheit, deswegen ist die Erforschung der Geschichte auch nie erschöpft. Denken Sie nur an die jüngeren Teildisziplinen unseres Faches, auf die wir Sie gelegentlich schon aufmerksam gemacht haben, die Geschlechter- und die Umweltgeschichte. Das gewachsene Interesse an diesen Themenfeldern ist mit den politischen, wirtschaftlichen und gesellschaftlichen Entwicklungen seit den 1960er Jahren eng verbunden. Dieser Gesichtspunkt verweist zugleich auf die eminenten gesellschaftlichen Funktionen der Geschichtswissenschaft, die das Fach einerseits lebendig und durchaus auch spannend machen, andererseits aber eben auch methodisch bewältigt werden müssen.[79]

Auch hierzu ein Beispiel: In der Geschichtswissenschaft der Weimarer Republik dominierte die so genannte Kriegsschuldfrage. Mit großem Aufwand waren Historiker maßgeblich an einer regelrechten Unschuldskampagne beteiligt, um die deutsche Vorkriegspolitik zu entlasten und die Verantwortung des gegnerischen Bündnissystems für den Ausbruch des Ersten Weltkrieges nachzuweisen. Daraus entstand eine der umfangreichsten Akteneditionen überhaupt: *Die Große Politik der Europäischen Kabinette*.[80] Heutzutage dagegen interessieren Historiker sich zumeist für die vielgestaltigen Wechselwirkungen zwischen Krieg und Gesellschaft: Wie wirkte sich der Krieg etwa aus auf Männer und Frauen, auf Arm und Reich, auf Jung und Alt, auf Arbeiter und Bauern, auf Kunst und Kultur?

Wenn man diese Beobachtung zugrunde legt, dann muss man sich fragen, ob man als Historiker **objektiv** sein kann und ob historische Sachverhalte überhaupt **werturteilsfrei** dargestellt werden können. Bedenkenswert in diesem Zusammenhang sind vor allem drei Gesichtspunkte, die der Historiker Thomas Nipperdey betont hat.[81] Erstens erheben Sie als angehender Geschichtswissenschaftler den An-

---

[79] Einen vorzüglichen Überblick über die gesellschaftlichen Funktionen der Geschichte gibt Ihnen Jürgen Kocka: Geschichte – wozu? (1975 / 1989). In: Wolfgang Hardtwig (Hrsg.): Über das Studium der Geschichte. München 1990, S. 427-443.

[80] Die Große Politik der Europäischen Kabinette 1871-1914. Sammlung der Diplomatischen Akten des Auswärtigen Amtes. Im Auftrage des Auswärtigen Amtes hrsg. von Johannes Lepsius, Albrecht Mendelssohn-Bartholdy und Friedrich Thimme. 40 Bde. Berlin 1922-1927.

[81] Thomas Nipperdey: Kann Geschichte objektiv sein? In: Ders.: Nachdenken über die deutsche Geschichte. München $^{2}$1991, S. 264-283.

spruch, etwas Wahres über Ihren Gegenstand auszusagen, also eine Wahrheit, die Ihre Zuhörer oder Leser nachvollziehen und überprüfen können; in diesem eingeschränkten Sinne sind Sie trotz Ihres perspektivischen Standpunktes objektiv. Zweitens sollte Ihre Beschäftigung mit der Geschichte nicht ausschließlich an heutigen Problemen oder Zielen ausgerichtet sein. Das heißt, dass Sie trotz des Bewusstseins über Ihren je eigenen Standort Geschichte als Wissenschaft nicht nur um fortschrittlicher, pädagogischer oder demokratischer Werte Willen betreiben sollten. Denn jedes wissenschaftliche Forschen hat bereits für sich einen Wert, und Sie sollten auch deshalb den Versuch nicht aufgeben, objektiv zu sein. Auch wenn es naturgemäß kein methodisches Konzept gibt, das alles erfasst, was die historische Wirklichkeit ausmacht, sollten Sie dieses Ziel nicht aus den Augen verlieren. Der dritte Aspekt hängt damit eng zusammen. Jede historische Epoche hat einen **Eigenwert** und Sie dürfen diese nicht nur an unserer Gegenwart und unseren Werten messen, denn sonst verstehen Sie den Handlungshorizont der Zeitgenossen nicht. Um den handelnden Personen der von Ihnen untersuchten Epoche gerecht zu werden, müssen Sie sich als Historiker gelegentlich dümmer stellen, als Sie eigentlich sind. Sie müssen also so tun, als wüssten Sie nicht, wie die Geschichte weiter verläuft. Für diese Perspektive auf das historische Geschehen hat Nipperdey eine besonders gelungene Wendung gefunden: „Jede Vergangenheit war auch sie selbst, sie hatte eine offene Zukunft, die wir, die Historiker, ihr zurückgeben müssen.“[82] Er fängt damit in modernen Worten nochmals eine Grunderkenntnis des Historismus ein, die wir Ihnen am Beginn dieses Kapitels bereits vorgestellt haben.

Schließlich ist ein letzter Aspekt des Objektivitätsproblems beachtenswert, der Ihnen zugleich verdeutlichen soll, dass Methodenfragen und die praktische Arbeit unseres Faches untrennbar miteinander verwoben sind. All Ihre Aussagen über historische Sachverhalte sind an die **Quellen** gebunden und werden durch diese gewissermaßen ein beträchtliches Stück weit objektiviert: „Die Quellen haben ein Vetorecht“, hat Reinhart Koselleck formuliert.[83] Das heißt nun nicht, dass die Quellen Ihnen sagen könnten, was Sie aus ihnen machen müssen,

---

82 Ebd., S. 281.

83 Reinhart Koselleck: Standortbindung und Zeitlichkeit. Ein Beitrag zur historiographischen Erschließung der geschichtlichen Welt. In: Ders., Wolfgang J. Mommsen und Jörn Rüsen (Hrsg.): Theorie der Geschichte. Beiträge zur Historik. Bd. 1: Objektivität und Parteilichkeit in der Geschichtswissenschaft. München 1977, S. 17-46, hier: S. 45.

vielmehr kann eine gründliche Quellenanalyse Sie lediglich daran hindern, nachweisbar falsche Angaben zu machen. Aber jenseits dieses „Vetorechts“ beginnt der reizvolle Gestaltungsspielraum für Sie und Ihre Interpretation.

## 2. Wie lässt sich historisches Material ordnen und inhaltlich strukturieren?

Wie ordnet man sein Material für das Referat oder die schriftliche Hausarbeit am sinnvollsten um eine Fragestellung herum an? Mit dieser ganz praktischen Frage sind wir mitten im Thema, und sie führt unstreitig zu einem grundlegenden Problem, das Sie nicht nur am Beginn Ihres Studiums beschäftigen wird. Grundsätzlich haben Sie drei Lösungsmöglichkeiten. Sie können systematisch-analytisch vorgehen, Ihr Material stattdessen chronologisch ordnen oder beide Methoden miteinander kombinieren.[84] Sie werden im Folgenden sehen, dass die einzelnen Methoden unterschiedliche Vorteile bieten.

Beginnen wir mit der **systematisch-analytischen** Methode. Diese Vorgehensweise eignet sich immer dann besonders, wenn Sie komplexe Sachverhalte erklären und gesellschaftliche Gruppen oder Schichten in den Blick nehmen wollen. Hier steht nicht die Abfolge von Ereignissen im Vordergrund, sondern abstrakte Kriterien, die etwa eine Gruppe im Innersten zusammenhalten, bilden das Zentrum Ihrer Darstellung. Dieser systematisch-analytische Zugriff kann für eine Studie über die spätrömischen Equites ebenso angemessen sein wie für Untersuchungen über das mittelalterliche Rittertum oder die Gastarbeiter in der frühen Bundesrepublik. Eine systematisch-analytische Stofforganisation liegt immer dann besonders nahe, wenn Sie sich für **Strukturen** (von lat. struere = aufbauen, aneinander fügen) in der Geschichte interessieren, also etwa fragen nach wiederkehrenden Handlungsabläufen, nach dauerhaften Mustern, nach geregelten Beziehungen und Konflikten zwischen sozialen Gruppen oder Schichten. Dazu gehören ebenso Fragen nach dem mehr oder weniger langfristigen Wandel von Strukturen. In der Regel werden bestimmte soziale und historische Formationen (etwa Familie, Verein, Partei, Nation) betrachtet, deren Einheiten eng miteinander verwoben sind. In den

[84] Zum Folgenden vgl. Schulze: Einführung (wie Fußnote 70), hier: S. 281-285.

Blick geraten damit vor allem überindividuelle Entwicklungen und dauerhafte Phänomene. Mit diesem ordnenden Zugang können Sie versuchen, aus einer Fülle von Einzelerscheinungen eine generalisierbare Erkenntnis zu gewinnen. Aber auch seine Nachteile müssen Sie bedenken: Bei diesem Zugriff gerät leicht die Dynamik historischen Geschehens aus dem Blick, da Sie den Ereignisablauf gleichsam in Zeitlupe wiedergeben. Auch kann der Einzelne leicht als Gefangener überindividueller Strukturen erscheinen. Durch den höheren Abstraktionsgrad und die geringere Anschaulichkeit kann es auch und gerade in den ersten Semestern für Ihre Zuhörer oder Leser schwieriger sein, Ihnen zu folgen. Vor allem deshalb sollten Sie in diesem Fall besonderen Wert darauf legen, ihre Vorgehensweise offen zu legen und einzelne Gliederungsschritte zu erläutern.

Daneben gibt es das **chronologische** Verfahren. Mit diesem Ordnungsprinzip präsentieren Sie in der Regel eine Geschichte mit einem klaren Ausgangspunkt und einem Ende. Dabei reihen Sie unmittelbar aufeinander folgende Ereignisse aneinander, und Sie arbeiten vor allem Ursache-Wirkung-Beziehungen besonders gut heraus. Oftmals ist diese Variante gerade für einen mündlichen Vortrag besser geeignet, da es Zuhörern vielfach leichter fällt, einer zeitlich strukturierten Darstellung zu folgen. Dieser gerade für Studienanfänger oftmals gefälligste Zugriff auf einen historischen Gegenstand lenkt das Augenmerk insgesamt stärker auf einzelne **Ereignisse** und den Menschen sowie seinen gestalterischen Spielraum. Gelegentlich müssen Sie dabei bestimmte Zeitabschnitte verdichten, das heißt, sie intensiver in den Blick nehmen als andere: So können Sie eine Geschichte des Peloponnesischen Krieges kaum gleichgewichtig von seinem Ausbruch bis zu seinem Ende darstellen (431-404 v. Chr.). Vielmehr werden Sie Ihren chronologischen Bericht entlang zentraler Zwischenstationen gliedern: Vom Archidamischen Krieg (429 v. Chr.) über die Sizilische Expedition (415-413 v. Chr.) bis hin zum Dekeleischen und Ionischen Krieg (413-405 v. Chr.). Und abschließend bündeln Sie die Gründe für das Ende der Vormachtstellung Athens und den Aufstieg Spartas. Aber auch die chronologische Methode birgt Nachteile, denn bei den von Subjekten ausgelösten Ereignissen verlieren sich nicht nur Studienanfänger in biographischen Details und vernachlässigen die überindividuellen Faktoren, in die jedes menschliche Handeln eingebunden ist.

Wenn Sie moderne Überblicksdarstellungen zur Hand nehmen, dann wird Ihnen in der Regel eine **Mischform zwischen der systematisch-analytischen und der chronologischen Methode** begegnen. Ereignis- und Strukturgeschichte wechselseitig aufeinander zu beziehen ist gewiss anspruchsvoll, aber mittlerweile die wohl gebräuchlichste Methode in der geschichtswissenschaftlichen Praxis. Dies hat vor allem damit zu tun, dass Sie Ereignisse in ihrer historischen Bedeutung nur dann verstehen können, wenn Sie die Strukturen kennen, mit denen diese verknüpft sind. Umgekehrt lassen sich Strukturen aber nur dann sinnvoll dynamisieren, wenn Sie ereignisgeschichtliche Faktoren einbeziehen. In den meisten modernen Darstellungen wechseln daher systematisch-analytische mit chronologischen Passagen, die eher dem Gang der Ereignisse verpflichtet sind. Ein Beispiel unter vielen mag an dieser Stelle genügen: Karl Christ verzahnt in seiner Geschichte der römischen Kaiserzeit Ereignis- und Strukturgeschichte eng miteinander und behandelt neben den Teilbereichen Politik und Verfassung auch Gesellschaft und Wirtschaft sowie Kultur und Religion.[85] Dieses Vorgehen ist selbst in biographischen Studien mittlerweile üblich, bei dem das einzelne Leben in vielerlei Hinsicht in die es umgebenden sozialen, wirtschaftlichen, politischen und kulturellen Strukturen eingebettet wird. Ob sich dieses Verfahren auch für Ihre Referate oder Hausarbeiten anbietet, hängt in erster Linie vom Thema ab. Unabhängig davon, welche der drei Möglichkeiten Sie bevorzugen, sprechen Sie in jedem Fall mit Ihrem Dozenten, um die schwierigsten Klippen gemeinsam zu umschiffen.

Jedenfalls eignet sich die Mischform vorzüglich, um geschichtliche Wirkungskräfte in eine Untersuchung einzubinden, die zwischen den beiden Polen der langfristigen Strukturen und der individuellen Ereignisse anzusiedeln sind. Gemeint sind damit die Auswirkungen von Ideen, Wahrnehmungen und Vorstellungen auf den Menschen und seine Umwelt, die sich zumeist nur in Wechselwirkung mit Strukturen und Ereignissen erklären lassen. Diese jüngere, kulturelle, mentale und ideologische Faktoren akzentuierende Strömung der Annales-Geschichtsschreibung verdankt viele Anregungen nichthistorischen Disziplinen wie etwa der Anthropologie und der Ethnologie oder auch der Linguistik und der Psychologie. Zugleich speist sie sich aus dem Standpunkt, dass nur eine methodische Vielfalt der Gesamtheit menschlichen Handelns gerecht werden kann. Und eben weil sie programmatisch so breit angelegt ist, wird Ihnen im Zusammenhang mit dieser Geschichtsschreibung immer wieder die Formel von einer anvisierten *histoire totale* begegnen. Diese Annales-Geschichtsschrei-

---

85 Karl Christ: Geschichte der römischen Kaiserzeit. Von Augustus bis zu Konstantin. 6. Aufl. mit aktual. Bibliographie. München 2009.

bung trug ganz maßgeblich zum heute vorhandenen, grundsätzlich unbegrenzten Methodenpluralismus in der Geschichtswissenschaft bei, der für Sie zunächst verwirrend sein kann. Aber die damit untrennbar verwobene Spannung zwischen Ereignis und Individuum einerseits sowie Strukturen und Prozessen andererseits ist ganz gewiss auch reizvoll und vor allem produktiv.

Nicht zuletzt aufgrund des Spannungsverhältnisses zwischen Ereignissen und Strukturen entwickelte sich in der bundesrepublikanischen Historikerzunft der 1950er Jahre ein regelrechter Richtungsstreit: hier die an herausragenden Begebenheiten interessierte **Ereignisgeschichte**, dort die auf die langfristigen Tendenzen zielende **Strukturgeschichte**. Dabei setzten die Kontrahenten oftmals Strukturgeschichte mit Sozialgeschichte einerseits und Ereignisgeschichte mit politischer Geschichte andererseits in eins. Dieser Streit entzündete sich vor allem an einem kurz nach dem Zweiten Weltkrieg erschienenen Werk des französischen Historikers Fernand Braudel. Dessen mehrbändige Untersuchung trägt den Titel *Das Mittelmeer und die mediterrane Welt in der Epoche Philipps II.*[86] und gehört ins Zentrum eines bereits erwähnten epochalen Umschwungs in unserem Fach, der untrennbar mit der 1929 begründeten Zeitschrift *Annales* verbunden ist. Die Begründer der *Annales*, Lucien Febvre und Marc Bloch, setzten einer ereignisgeschichtlich ausgerichteten Politikgeschichte strukturgeschichtliche Abhandlungen entgegen, die zunächst vor allem wirtschafts- und sozialgeschichtliche Faktoren als Wirkungskräfte der Geschichte analysierten.[87] Diese Abkehr von der Ereignisgeschichte korrespondierte mit einem gewachsenen Interesse an den langfristigen Gestaltungsmächten in der Geschichte, einer *histoire du longue durée* (Geschichte der langen Dauer).

Um zwischen Ereignissen und Strukturen, zwischen **Individuellem** und **Allgemeinem** zu vermitteln, machen sich Historiker auch gerne eine mittlerweile vielfach bewährte Methode zunutze. Ein Beispiel soll

---

[86] Fernand Braudel: Das Mittelmeer und die mediterrane Welt in der Epoche Philipps II. 3 Bde. Frankfurt/M. 1990. Das französische Original erschien bereits 1949 in Paris unter dem Titel: La Méditerranée et le monde méditerranéen à l'époque de Philippe II.

[87] Eine wichtige Würdigung dieser Geschichtsschreibung finden Sie bei Peter Burke: Die Geschichte der „Annales". Die Entstehung der neuen Geschichtsschreibung. Aktual. und um ein Nachwort erg. Neuausgabe. Berlin 2004. Im englischen Original lautet der Titel bezeichnenderweise: The French Historical Revolution. The Annales School. Cambridge u.a. 1990.

Ihnen diesen Zugriff näher bringen: Wenn Sie ein Referat über das Bildungsbürgertum im Deutschen Kaiserreich von 1871 halten sollen, dann können Sie viele einzelne Bürger in den Blick nehmen. Zwar schwanken die Angaben, aber Ihre Zahl liegt ganz gewiss deutlich über 200.000. Und da alle Menschen sich nun einmal voneinander unterscheiden, werden Sie weit mehr als 200.000 Einzelschicksale nebeneinander stehen haben. Sie können kaum alle detailliert untersuchen, nicht einmal in einem ganzen Forschungsverbund, in dem zahlreiche Historiker viele Jahre arbeiten würden. Sie müssen daher ein fruchtbares Verfahren entwickeln, um diese Einzelfälle zu bündeln und zu kategorisieren, um eine über das einzelne Fallbeispiel hinaus reichende Erkenntnis zu gewinnen und zwischen der historischen Vielfalt und der auf vereinheitlichende Präzisierung angelegten Wissenschaft zu vermitteln. Das methodische Verfahren dafür ist bekannt als **idealtypische Begriffsbildung**, die im Wesentlichen auf den bekannten Sozialwissenschaftler Max Weber zurückzuführen ist. Auf unser Beispiel bezogen heißt dies, dass Sie versuchen sollten, aus einer Vielzahl einzelner Aspekte – etwa Lebensführung, Karrieremuster, familiäre und regionale Herkunft oder religiöse Grundüberzeugungen – ein Gesamtbild zu erarbeiten, dem der Bildungsbürger des Kaiserreichs grundsätzlich entspricht: leistungsorientiert, autoritätsgläubig, staatsnah, überwiegend städtisch, eher protestantisch, an der klassischen Hochkultur ausgerichtet und der vom öffentlichen Bereich abgesonderten familiären Lebenswelt besonders verpflichtet. Jeder Einzelfall wird von diesem auf eine generalisierbare Erkenntnis angelegten Gesamtbild abweichen, kann aber anders betrachtet auch wiederum an diesem gemessen werden.

Dieses idealtypische Verfahren vermittelt also zwischen der individuellen Vielfalt und einer auf begriffliche Ordnung angewiesenen Wissenschaft. Sie übersteigern dazu bestimmte Elemente der Realität bis hin zu Utopien.[88] Der Idealtyp muss sich vernünftig in die behandelten Zusammenhänge fügen, er ist aber dennoch nicht bloß ein Durchschnitt aus allen betrachteten Einzelphänomenen. Die idealtypische Begriffsbildung ist insgesamt ein elementares Hilfsmittel im geisteswissenschaftlichen Erkenntnisfortschritt. Mit ihr können Sie das sachlich Wesentliche aus einer Vielfalt von Erscheinungen herausfiltern. Der Webersche Idealtypus übernimmt damit eine zentrale Vermittlungsfunktion zwischen dem isolierten Einzelbeispiel und der ge-

[88] Max Weber: Wirtschaft und Gesellschaft. Grundriss der verstehenden Soziologie. Studienausgabe, hrsg. von Johannes Winckelmann. 2 Halbbde. Köln und Berlin 1964, hier: S. 124.

neralisierenden Feststellung. Zugleich schlägt er eine Brücke zwischen den Naturwissenschaften und den Geisteswissenschaften, weil er übergreifende Fragen ermöglicht. Hinzu kommt, dass Sie mit diesem Pluralismus zugleich auch stärker hierarchisieren können, das bedeutet erneut: Sie können wesentliche Sachverhalte von unwesentlichen Dingen besser trennen.

# 8. Das Referat

Nachdem Sie gründlich bibliographiert, gelesen und exzerpiert haben, folgt in den meisten Fällen ein mündlicher Vortrag: das Referat (von lat. referre = mitteilen, berichten). Dabei informieren Sie die anderen Seminarteilnehmer über Ihr Thema, fügen es in den übergeordneten Seminarzusammenhang ein und diskutieren anschließend die ersten Thesen, die Sie für das Referat aufstellen.[89]

So weit die Wunschvorstellung des Dozenten und aller Zuhörer – der graue Unialltag freilich sieht allzu oft folgendermaßen aus: Vielen fällt erst eine Woche vor dem anberaumten Termin wieder ein, dass im historischen Einführungskurs noch das Referat ansteht. Nachdem sie mehrere Tage lang nach einschlägigen Büchern zum Thema gesucht haben – von Aufsätzen oder gar Quellen wollen wir an dieser Stelle einmal ganz schweigen – oder vergeblich versucht haben, sie auszuleihen, bitten sie in letzter Sekunde den Dozenten um Rat. Aber es geht noch schlimmer: Viele erscheinen zum Referat schon gar nicht mehr, zumeist sogar noch, ohne dies dem Seminarleiter und, nicht nur im Falle eines Gruppenreferates zumindest genauso wichtig, den Kommilitonen mitzuteilen. So darf Ihre Referatvorbereitung natürlich nicht aussehen. Sie sollten damit keinesfalls erst in der Woche vor Ihrem Termin beginnen, denn dann können Sie oft nicht einmal mehr rechtzeitig die einschlägige Literatur in Ihrer Bibliothek bestellen. Kalkulieren Sie eine Vorbereitungsspanne von wenigstens drei Wochen mit einer arbeitsintensiven Endphase von etwa zehn Tagen ein. Und: Schief gehen kann immer etwas, aber sprechen Sie rechtzeitig mit Ihrem Dozenten, denn der hilft Ihnen selbstverständlich.

In den einführenden Kursen wird kein perfekt ausgefeilter Vortrag von Ihnen erwartet, und auch in den allermeisten weiterführenden Seminaren darf und soll Ihr Referat durchaus Werkstattcharakter haben: Sie erteilen Auskunft über den Zwischenstand Ihrer Lektüren, denn ganz überwiegend arbeiten Sie das Referat anschließend zur Hausarbeit um. Auch wenn das Referat zumeist also lediglich ein Zwischenstopp ist, sollten Sie dennoch einige grundlegende Empfehlungen beherzigen, denn vom ersten Tag Ihres Studiums an werden Sie immer

---

[89] Viele weitere nützliche Anregungen rund um das Referat bietet Ihnen Franck: Fit fürs Studium (wie Fußnote 18), hier: S. 129-165.

wieder eigenständig ausgearbeitete Sachverhalte vor einer größeren Gruppe präzise, anschaulich und effektiv präsentieren müssen. Sie haben bereits im ersten Kapitel gelesen, dass dies eine der mit Recht viel zitierten **Schlüsselqualifikationen** ist, die Sie im Laufe eines geisteswissenschaftlichen Studiums erwerben sollen. Aus diesem Grund widmen wir dem Referat ein eigenes Kapitel und stellen Ihnen einige Aspekte vor, die für einen gelungenen Vortrag grundlegend sind und die Sie im Auge behalten sollten. Dies heißt nicht, dass Sie von Beginn an alle Empfehlungen umgehend in die Tat umsetzen und sofort ein perfektes Referat halten müssten. Denn auch hier gilt die bereits einmal im Kapitel über das Lesen formulierte Binsenweisheit: Übung macht den Meister. Nutzen Sie also jedes neue Referat, um Erfahrungen zu sammeln, Ihre Vorstellung zu verbessern und sich schrittweise an eine Vortragsform heranzutasten, die Ihnen liegt.

Grundsätzlich sollten Sie beim Seminarvortrag darauf achten, eine möglichst **einfache Sprache** zu verwenden. Dies setzt voraus, dass Sie nicht zu schnell sprechen und in ebenso kurzen wie prägnanten Sätzen vortragen. Hierzu gehört auch der Verzicht auf lange und ausführliche Zitate. Versuchen Sie lieber, alles in eigene Worte zu fassen, denn längere Zitate können sich die Zuhörer ohnehin nur schlecht merken. Sie sollten sich darüber im Klaren sein, dass der Adressat Ihres Vortrags das gesamte Seminar und nicht allein der Dozent ist. Dazu ist es ganz sicher hilfreich, wenn Sie sich bei der Referatvorbereitung in die Zuhörerrolle hineindenken: Was erwarte ich von einem guten und verständlichen Referat? Welche Punkte sind mir als Zuhörer so wichtig, dass ich sie als Referent umsetzen möchte? Auch die Geschichtswissenschaft zeichnet sich durch größtmögliche Transparenz aus, und durch lange komplizierte Sätze verschleiern Sie Sachverhalte eher als dass Sie sie erhellen. Ähnliches gilt für Fremdwörter. Viele meinen, ein Vortrag sei dann besonders wissenschaftlich, wenn er möglichst viele Fremdwörter enthält. Das Gegenteil ist richtig. Fremdwörter oder Fachbegriffe lassen sich nicht immer vermeiden, aber Sie sollten diese dann zumindest erklären. Ein Beispiel aus dem Bereich der Alten Geschichte soll dies verdeutlichen:

„Der Princeps gab Tiberius und Gaius ein Exemplum, indem er sich selbst auf die tribunicia potestas und das imperium proconsulare limitierte." Dieser Satz lässt mehr Fragen offen als er beantwortet. Sofern Sie ein Referat über das augusteische Prinzipat halten, werden Ihre Zuhörer vermutlich wissen, wer mit dem Princeps gemeint ist. Wenn Sie aber Tiberius und Gaius an dieser Stelle des Referats erstmals einführen, müssen Sie kurz erläutern, dass sie die unmittelbaren Nachfolger von Augustus waren. Ob Sie Exemplum durch Vorbild oder Beispiel und limitieren durch beschränken ersetzen, ist beileibe keine ausschließlich stilistische Frage, denn Sie wollen ja, dass Ihre Zuhörer sich auf das Wesentliche konzentrieren können. Und der inhaltliche Kern des Satzes besteht aus „tribunicia potestas" und „imperium proconsulare"; diese beide Wendungen müssen Sie erklären und in den politischen Handlungshorizont Augustus' einfügen.

Sie sollten versuchen, Ihr Referat so rechtzeitig vorzubereiten, dass Sie noch einen **Probedurchlauf** absolvieren können: Sprechen Sie Ihr Referat jemandem laut vor. Das hilft Ihnen zu prüfen, ob Sie die zeitlichen Vorgaben überhaupt einhalten können. Dabei ist es zweitrangig, ob Ihr Testzuhörer fachlich versiert ist, denn erstens sind auch Ihre Kommilitonen mit dem speziellen Thema Ihres Referates nicht näher vertraut und zweitens sind es oftmals gerade die vermeintlich einfachen Fragen, die dazu führen, dass Sie noch unklare Sachverhalte auf den Punkt bringen und exakter fassen können. Außerdem lassen sich so sprachliche Eigenheiten, holprige Formulierungen oder misslungene Überleitungen besonders gut ausmachen. Und Sie können überprüfen lassen, ob Sie deutlich und verständlich gesprochen haben.

Zwar ist es durchaus erstrebenswert, irgendwann einmal möglichst frei zu sprechen, das heißt, ohne einen ausformulierten Text von einem vorbereiteten **Manuskript** abzulesen. Aber zumindest für Studienanfänger scheint es uns geeigneter, Referate mit Hilfe eines zuvor angefertigten Redemanuskripts zu bestreiten oder Halbsätze niederzuschreiben und diese mit Stichwörtern zu verbinden, so dass Sie sich jederzeit rasch in Ihren Unterlagen zurecht finden. Um sich während des Vortrags nicht zu verzetteln, sollten Sie DIN-A4-Blätter einseitig mit der Schriftgröße 14 und einem eineinhalb- bis zweizeiligen Abstand beschriften. Damit Sie sich in Ihrem Manuskript rascher orientieren können, ist es nützlich, zentrale Sachverhalte oder Thesen optisch voneinander abzuheben, etwa indem Sie diese fett markieren. Schreiben Sie sich ruhig auch Erinnerungshilfen in das Manuskript. So können Sie beispielsweise an den entsprechenden Stellen einfügen, dass Sie jetzt eine Folie auflegen wollen, um einen Sachverhalt zu unterstreichen oder um damit zu zeigen, zu welchem Abschnitt Ihres Vortrags Sie jetzt übergehen.

Auch wenn Sie sich für einen komplett frei gehaltenen Vortrag entscheiden, sollten Sie zunächst einen schriftlichen Entwurf des Referats anfertigen und sich anhand markierter Stichwörter oder auch

Überschriften erst nach und nach vom geschriebenen Text lösen. Das ist insbesondere für den recht häufigen Fall zu empfehlen, dass Sie das Referat anschließend zur Hausarbeit ausbauen wollen, denn dann können Sie auf Ihre schriftlichen Notizen zurückgreifen. Dieses Vorgehen schließt zudem nicht aus, dass Sie auch einige Ihnen besonders wichtig erscheinende Passagen vollständig ausformulieren, um sich ganz sicher zu sein, hier die passenden Worte zu finden. Auch Zitate sollten Sie jeweils mit korrekter Quellenangabe vollständig festhalten, damit Sie sie später wieder finden.

Welche Länge ein Referat haben sollte, variiert je nach Referattypus. Grundsätzlich sind dabei das Kurz-, Einzel- und Gruppenreferat zu unterscheiden. **Kurzreferate** werden höchstens fünf bis zehn Minuten beanspruchen. Sie sind einem klar umrissenen Sachverhalt gewidmet, etwa wenn Sie einen geschichtswissenschaftlichen Elementarbegriff definieren, die Kernthesen eines Aufsatzes zusammenfassen oder eine wichtige historische Zeitschrift, ihre Ausrichtung und Herausgeber sowie ihren Aufbau knapp skizzieren sollen. Beim **Gruppenreferat** sind mehrere Seminarteilnehmer gemeinsam für einen größeren Teil der Sitzung verantwortlich. Auch wenn diese insgesamt über ein größeres Zeitbudget verfügen (in der Regel allerdings nicht mehr als 60 Minuten), müssen sie den Ablauf noch gründlicher vorbereiten und vor allem exakt aufeinander abstimmen. Dies sollte Sie aber nicht davon abhalten, sich auf Gruppenreferate einzulassen, denn sie bieten auch Vorteile gegenüber dem Einzelreferat. So verläuft eine gemeinsame Vorbereitung zumeist intensiver und führt Sie durch die abstimmenden Gespräche auch zu neuen Gesichtspunkten, die Ihnen allein möglicherweise entgangen wären. Sie werden zudem rasch merken, dass Sie mit vielen Startschwierigkeiten eben auch nicht alleine dastehen. Beim Gruppenreferat sind unterschiedliche Vortragsvarianten denkbar. Im Rahmen eines Seminars zum Vormärz in Deutschland (1830-1848) können Sie sicher die Auswirkungen der französischen Julirevolution (1830) auf den Deutschen Bund am Beispiel des Hambacher Festes (1832) und des Frankfurter Wachensturms (1833) in einer Sitzung und mit einer gemeinsamen Leitfrage behandeln. Sie können aber auch in verteilten Rollen unterschiedliche Forschungspositionen zur Bewertung des politischen und sozialen Protestes im Gefolge der französischen Ereignisse vertreten und die beiden Ereignisse damit zusammen darstellen.

Weitaus häufiger werden Sie es während Ihres Geschichtsstudiums mit dem **Einzelreferat** zu tun haben. Für diese Vortragsform gilt normalerweise eine Zeitbegrenzung von 15 bis 30 Minuten, wobei es allerdings durchaus vorkommen kann, dass Ihr Dozent Ihnen mit Blick auf den Seminarablauf einen etwas anderen zeitlichen Rahmen steckt. 30 Minuten entsprechen dabei in der Regel etwa 14 DIN A4-Seiten à 30 Zeilen in der Schriftgröße 14. Eine enge Zeitvorgabe berücksichtigt, dass es gerade Studienanfängern schwer fällt, einem Vortragenden länger als 30 Minuten aufmerksam zu folgen. Zudem ist es für Sie hilfreich, innerhalb der genannten Zeitspanne zu bleiben, weil Sie damit gezwungen sind, sich auf die zentralen Aspekte Ihres Themas zu konzentrieren, also Wichtiges von Unwichtigem zu trennen. Und ein wesentlicher Aspekt tritt hinzu. Einmal ganz abgesehen davon, dass Sie damit rechnen müssen, vom Dozenten unterbrochen zu werden, wenn Sie über den vereinbarten Zeitrahmen hinaus sprechen: Längere Vorträge wirken sich gerade in größeren Kursen mit mehreren Referaten pro Sitzung fatal aus, denn sie bringen nicht nur den geplanten Ablauf durcheinander, sondern verhindern auch eine produktive Diskussion.

Das Einzelreferat sollte grundsätzlich aufgebaut sein in Einleitung, Hauptteil, Zusammenfassung und in die – nicht nur von vielen Studienanfängern gefürchtete – Diskussion, die zum Referat dazu gehört und sich auch gut vorbereiten lässt. In der **Einleitung** sollten Sie die mit Ihrem Dozenten abgesprochene Leitfrage formulieren und darlegen, was an Ihrem Thema wichtig ist. Und wenn Sie dies noch mit einem pointierten Einstieg verbinden, können Sie sich der ungeteilten Aufmerksamkeit des gesamten Seminars sofort sicher sein. Das wollen wir Ihnen an einem Beispiel vorführen und verknüpfen dies noch mit einem weiteren Tipp. Formulieren Sie zu Beginn Ihres Referates gleich ausdrücklich, wie lange Sie die Zeit Ihrer Zuhörer beanspruchen werden. Im Falle des eben genannten Vormärzbeispiels könnte das gegebenenfalls so aussehen:

> „Eine schlecht vorbereitete, nur Stunden währende Attacke einiger idealistisch-radikaler Brauseköpfe", so urteilt der Historiker Hans-Ulrich Wehler über den Frankfurter Wachensturm vom 3. April 1833. Ob diese These zutrifft, werde ich in den kommenden 20 Minuten überprüfen.[90]

Betten Sie in der Einleitung Ihre Fragestellung in eine kurze Zusammenschau Ihrer Quellen- und Literaturgrundlage ein. In späteren Referaten

[90] Das Zitat finden Sie bei Hans-Ulrich Wehler: Deutsche Gesellschaftsgeschichte. Zweiter Bd.: Von der Reformära bis zur industriellen und politischen „Deutschen Doppelrevolution". 1815-1845/49. München ⁴2005, S. 366.

wird das dann immer mehr die Form eines kleinen Forschungsüberblicks annehmen. Nennen Sie an dieser Stelle auch die Autoren, auf die Sie sich stützen, denn damit gliedern Sie Ihre Argumentation, und die Zuhörer können Ihnen später besser folgen. Freilich darf dies nicht rein additiv geschehen, indem Sie einfach aufzählen, wessen Bücher und Aufsätze Sie benutzt haben. Vielmehr sollten Sie bereits zu diesem frühen Zeitpunkt versuchen, den jeweiligen Wert des Buches oder Aufsatzes für Ihre Fragestellung hervorzuheben und damit auch ein erstes vorsichtiges, aber eben qualifizierendes Urteil darüber abzugeben. Diese Vorgehensweise wird Ihnen ungemein helfen, wenn Sie Ihr Referat zur schriftlichen Hausarbeit ausarbeiten, denn dort wird dies in jedem Fall von Ihnen erwartet. Und noch ein Hinweis für die Einleitung: Sie sollten hier auch Ihre Vorgehensweise erläutern und die einzelnen Abschnitte benennen, welche die Zuhörer im Hauptteil erwarten. Diese können sich dann immer gut orientieren und auf Ihre Kernaussagen konzentrieren.

Im **Hauptteil** Ihres Vortrags dreht sich alles um Ihre Fragestellung. Diese dürfen Sie niemals aus dem Blick verlieren, also verzichten Sie auf Exkurse. Prüfen Sie schon während Ihrer Vorbereitung immer wieder sorgfältig, ob Details überhaupt wichtig für Ihre Fragestellung sind. Vor diesem Hintergrund entfalten Sie im Hauptteil das Thema, gruppieren Daten, Entwicklungen und Analysen um Ihre Fragestellung und stellen diskussionswürdige Thesen vor. Dabei geht es nicht darum, enzyklopädisches Wissen auszubreiten oder endlos Fakten und Daten aneinander zu reihen. Vielmehr wählen Sie gezielt aus, um einen Sachverhalt zu unterstreichen. Im Hauptteil, dem Kernstück Ihres Referates, sollten Sie bei den Übergängen zu neuen Unterabschnitten immer wieder darauf hinweisen, wo Sie sich gerade befinden, indem Sie die jeweilige Zwischenüberschrift wiederholen und dies nach Möglichkeit visuell unterstützen. Das gilt auch für die Zusammenfassung.

Selbst wenn sich abzeichnen sollte, dass Ihnen ein runder Abschluss des Referates nicht mehr gelingen wird, sollten Sie keinesfalls enden mit Worten wie: „Ja, äh, das war's dann eigentlich. Ähm, ich hätte ja noch drei Punkte gehabt, aber die sind jetzt dann eh nicht mehr so wichtig." Wenig geeignet ist auch die Wendung: „Damit bin ich am Ende". Sie verleitet die Anwesenden allenfalls zu kalauernden Bemerkungen. Souveräner wirkt es, wenn Sie trotz Zeitnot und Auslassungen Ihre zentralen Punkte in einer **Zusammenfassung** gebündelt vorstellen und eine andere Formulierung wählen. So bietet sich etwa folgender Wortlaut an: „Ein weiterer zentraler Aspekt meines Themas ist der Sachverhalt xyz, den ich in den vorhergehenden Ausführungen nur kurz angesprochen habe."

Sie können für einen solchen Fall ohnehin vorsorgen, indem Sie in Ihrem Redemanuskript Passagen markieren, die eventuell kürzer behandelt werden oder in die Diskussion verschoben werden können. Sie sollten am Ende Ihres Referates die in der Einleitung genannte Leitfrage wieder aufgreifen und nach Möglichkeit auch beantworten oder unterschiedliche Antworten der historischen Forschung auf diese Frage gewichten. Der Schluss ist zudem ein geeigneter Ort, um Ihr Spezialthema in den größeren Seminarzusammenhang einzubetten und Sachverhalte einzubeziehen, die in den vorangegangenen Sitzungen und Referaten angesprochen wurden. Es hat sich zudem vielfach bewährt, den Schlussabschnitt eines Referates schriftlich zu fixieren, denn prägnante und abrundende Formulierungen aus dem Stegreif zu finden, fällt selbst erfahrenen Rednern sehr schwer. Mit der Zusammenfassung bietet sich Ihnen dann auch die Gelegenheit, in die Diskussion überzuleiten, indem Sie die diskussionswürdigen Kernaussagen und Thesen Ihres Vortrages nochmals in den Raum stellen.

Behalten Sie von Beginn an die sich an Ihr Referat anschließende **Diskussion** im Auge. Nicht nur viele Studienanfänger halten dies für den schlimmsten Teil des Referates und würden am liebsten darauf verzichten. Dabei besteht ein wesentlicher Teil der Diskussionsbeiträge zunächst aus rein sachlichen und inhaltlichen Fragen, auf die Sie sich gut vorbereiten können, indem Sie zentrale Begriffe und Definitionen parat haben. Grundsätzlich gilt, dass die Abschlussdiskussion sowohl für Sie als auch für die Zuhörer möglichst produktiv verlaufen sollte. Heben Sie sich ruhig ein schlagkräftiges Argument für die Diskussion auf, um Ihre Thesen zu stützen, und überlegen Sie sich zudem bereits im Vorfeld, welche Argumente gegen Ihre Thesen sprechen und wie Sie diese am besten entkräften können.

Und schließlich wird ein gelungenes Referat durch visuelle Informationen flankiert. Dazu gehören beispielsweise Thesen- und Quellenpapier oder auch ein zielgerichteter Medieneinsatz mit Overheadfolien, Beamerpräsentation und Ähnlichem.

Zunächst zum **Thesenpapier**. Auf dieses gehört möglichst übersichtlich geordnet:

Ihr Name, der Titel der Veranstaltung, das aktuelle Semester, das Datum des Vortrags sowie der Name des Dozenten
Das Thema des Referates
Leitende Fragen und Thesen
Wichtige Fakten, Daten und Namen

Fazit
Eine genaue Titelaufnahme von verwendeter Literatur und Quellen, gegebenenfalls mit Wertungen für Ihre Kommilitonen

Das Thesenpapier sollte allerhöchstens ein bis zwei Seiten umfassen und dient in erster Linie dazu, die zentralen Aussagen oder Thesen des Referats festzuhalten. Erwiesenermaßen ist es gerade für Studienanfänger immer wieder ein besonderes Hindernis, Thesen (von griech. thésis = aufgesteller Satz, Behauptung) zu erkennen oder eine solche selbst zu formulieren. Nicht nur in der Geschichtswissenschaft ist eine These eine wertende oder interpretierende Aussage eines an sich unstrittigen Sachverhalts. Wenn Sie sich an unser oben genanntes Einstiegszitat des Historikers Hans-Ulrich Wehler erinnern (vgl. S. 123): Was beileibe nicht auf alle historischen Ereignisse zutrifft, steht hier gewiss außer Frage. Der Frankfurter Wachensturm fand 1833 tatsächlich statt. Ob dieser aber „schlecht vorbereitet" war und ob es sich bei den Verantwortlichen auch noch um „idealistisch-radikale Brauseköpfe" handelte, das sind strittige Interpretationen, die Sie mit handfesten Fakten und Quellenbelegen untermauern oder widerlegen müssen. Dennoch dürfen und sollen Sie im Referat eine These durchaus stärker zuspitzen als in der späteren schriftlichen Ausarbeitung Ihres Themas. Dies bietet den Vorteil, dass die Argumente, die für oder gegen eine These sprechen, deutlicher zu greifen sind. Indem Sie mit dem Thesenpapier zugleich Ihre Zuhörer entlasten, sorgen Sie auch für einen höheren Aufmerksamkeitsgrad. Denn diese müssen sich nun nicht mehr jedes Detail notieren, sondern haben wichtige Informationen bereits vor sich liegen und können sich bestenfalls sogar eine Woche im Voraus auf Ihren Vortrag vorbereiten.

In vielen geschichtswissenschaftlichen Einführungsseminaren müssen Sie neben dem Thesen- auch ein **Quellenpapier** vorlegen, das nach Möglichkeit nur so lang sein sollte, dass es noch in der Sitzung selbst gelesen werden kann. Auf jeden Fall sollten die herangezogenen Quellen mehr als eine bloße Illustration sein, denn es muss ein unmittelbarer Bezug zum Argumentationsgang des Referates und zur Fragestellung deutlich erkennbar sein. Am besten ist es, wenn Sie mit einer Quelle eine wesentliche Aussage – sei es Ihre oder die eines Autors, der für Ihr Thema einschlägig ist – stützen oder auch einmal widerlegen können. Auch wenn es nicht nur Studienanfängern schwer fällt: Es kann durchaus sinnvoll sein, sorgfältig ausgewählte Quellen einige Tage vor dem Vortrag zu verteilen oder in einem gemeinsamen Seminar-

**Historisches Seminar der Universität xy** **Datum**
**Proseminar: Hexenverfolgungen in der Frühen Neuzeit**
**Wintersemester 2009/10**
**Leitung: Dr. Erika Muster**
**Referent: Hans Beispiel**

**Der Abbruch der Massenverfolgungen**

1. Einleitung
   Leitfrage, Literatur- und Quellengrundlage, Vorgehensweise

2. Ursachenbündel 1: Obrigkeiten
   ausgewählte Territorien als Beispiele, Motive
   zentrale Namen, Fakten, Daten

3. Ursachenbündel 2: Recht
   Wandel der juristischen Sichtweise, Gründe
   zentrale Namen, Fakten, Daten

4. Ursachenbündel 3: Volksaufklärung
   aufklärerische Argumente und deren Verbreitung als Einschnitt, zentrale Namen, Daten, Fakten

5. Zusammenfassung
   Aufgreifen der Leitfrage / Thesen / Überleitung in die Diskussion

Quellen und Literatur:
Wolfgang Behringer (Hrsg.): Hexen und Hexenprozesse in Deutschland. 4., überarb. und aktual. Aufl. München 2000.
Das Ende der Hexenverfolgung, hrsg. von Sönke Lorenz und Dieter R. Bauer. Stuttgart 1995.
Britta Gehm: Die Hexenverfolgung im Hochstift Bamberg und das Eingreifen des Reichshofrates zu ihrer Beendigung. Hildesheim 2000.
Martin Pott: Die deutsche Frühaufklärung im Spiegel ihrer Aberglaubenskritik. Tübingen 1992.

Abb. 21: Thesenpapier für ein Referat

ordner zu hinterlegen, damit diese den Zuhörern rechtzeitig vorliegen. Denn gerade längere, schwierigere oder gar zu übersetzende Quellenpassagen lassen sich während des Referates kaum vollständig vorlesen.

Ein wesentlicher Aspekt Ihres Referates ist der zielgerichtete **Medieneinsatz**. Sie sollen kein mediales Feuerwerk abbrennen, weil Sie damit in aller Regel das Gegenteil dessen bewirken, was Sie erreichen wollen. Denn völlig unabhängig davon, ob Sie sich für die Arbeit mit Tafel, Overheadprojektor oder Beamer entscheiden, ob Sie eine Präsentation mit dem weit verbreiteten und leicht zu handhabenden Microsoft Programm „Power Point" wählen oder das Mind Map-Verfahren bevorzugen, es geht in erster Linie darum, Ihr Referat sowie Ihre Argumentation wirksam zu unterstützen. Wir haben Sie bereits in Kapitel 3 darauf hingewiesen, dass es vielen Menschen leichter fällt, visuelle Informationen zu verarbeiten. Dies bedeutet, dass Sie mit Hilfe der Medien komplizierte Zusammenhänge und Kernthesen übersichtlich veranschaulichen und für Ihre Zuhörer leichter zugänglich machen. Dabei sollten Sie sich auch wirklich darauf beschränken, zentrale Sachverhalte zu visualisieren, denn zu viele Informationen haben den gegenteiligen Effekt. Beim Medieneinsatz haben Sie zudem die Möglichkeit, sich Ihren Zuhörern direkt zuzuwenden und Blickkontakt aufzunehmen. Um nicht zur Folie zu sprechen oder Ihrem Publikum die Sicht zu verstellen, können Sie am besten einen Zeigestab oder einen Laserpointer einsetzen, sofern diese Ausrüstung denn vorhanden ist. Das Arbeiten mit Folien oder etwas Vergleichbarem bietet einen weiteren Vorteil: Sie können auf diese vorbereiteten Materialien auch in der Diskussion zurückgreifen und damit den Zuhörern nochmals Ihre zentralen Argumente unmittelbar vor Augen führen.

Und zu guter Letzt noch ein Hinweis: Ob ein Referat gelingt und die anschließende Diskussion fruchtbar ist, hängt nicht allein vom Referenten, sondern auch **von den Zuhörern** ab. Wer Vorträge lediglich passiv über sich ergehen lässt, wird im Nachhinein kaum in der Lage sein, sich produktiv an der Diskussion zu beteiligen. Wenigstens eine Frage muss jeder Zuhörer stellen können – das ist eine Grundlage wissenschaftlichen Arbeitens, ein Gebot der Fairness gegenüber dem Referenten und schließlich auch eine der viel bemühten Schlüsselqualifikationen, die Sie in Ihrem Studium erwerben können und sollen.

# 9. Belegen und Zitieren

Ausgangspunkt dieses Kapitels sind zwei wissenschaftliche Grundprinzipien, die immer und überall gelten: Erstens müssen präsentierte **Ergebnisse nachvollziehbar und überprüfbar** sein; und zweitens **darf sich niemand mit fremden Federn schmücken**, also Leistungen anderer als die seinen ausgeben. Beide Regeln bilden ein sehr wichtiges Fundament des gesamten Wissenschaftsbetriebs, und sie werden deswegen schon in den ersten Studiensemestern streng angewandt. Leider ist seit einigen Jahren zu beobachten, dass eine wachsende Zahl von Studierenden diesen Grundsätzen nicht mehr folgen will oder sie überhaupt nie richtig zur Kenntnis genommen hat. Das betrübliche Ergebnis ist eine stetig steigende Zahl von Plagiatsfällen und von schriftlichen Arbeiten mit falschen oder unpräzisen Belegen.

Man hat sich mittlerweile angewöhnt, zwischen zwei unterschiedlichen Arten von Plagiaten zu unterscheiden: Zum einen gibt es das **echte Plagiat**, bei dem der Betreffende bewusst und absichtlich eine ganze Arbeit oder Passagen von anderer Stelle übernimmt, ohne dies zu kennzeichnen. Früher waren Bücher und Aufsätze die Hauptquellen solcher Fälschungen, mittlerweile basieren viele Plagiate auf Internetrecherchen und einschlägigen Datenbanken – vermutlich knüpft sich daran die Hoffnung, dass die Weite und Flüchtigkeit des Mediums den Betrug besser kaschieren hilft.

Echte Plagiatsfälle lassen sich einfach und klar beurteilen: Wer das Risiko bewusst eingeht und ertappt wird, ist selber schuld und muss die Konsequenzen tragen. Und dabei ist deutlich zu sagen: Die Wahrscheinlichkeit, erwischt zu werden, ist ziemlich hoch, und der dann fällige Preis ist es auch. Jeder Dozent wird stutzig, wenn die Qualität der schriftlichen Arbeit in auffälliger Diskrepanz zur übrigen Leistung des Betreffenden steht, oder wenn auf zwei stilistisch holprige und inhaltlich dürftige Kapitel plötzlich meisterhafte Prosa folgt. Es ist dann nur eine Frage der Zeit, bis das Original entdeckt ist. Und die angeblichen Geheimtipps im Internet, auf die sich manch einer stützt, sind natürlich unter Dozenten auch bekannt. Hinzu kommt, dass immer mehr Dozenten aufrüsten und elektronische Plagiatsfinder einsetzen, mit denen sich kopierte Internetquellen in wenigen Minuten finden lassen. Die Folgen eines aufgedeckten Plagiats sind einschneidend: Sie reichen vom ruinierten Ruf über den verlorenen Seminarschein oder die abgelehnte Examensarbeit bis hin zu möglichen rechtlichen Konsequenzen.

Vom echten Plagiat zu unterscheiden ist das so genannte **graue Plagiat**. Hier handelt es sich um eine unabsichtliche, manchmal auch unbewusste Übernahme fremden Gedankenguts, ohne dass dieses Abschreiben gekennzeichnet worden wäre. Oft fehlt den Betreffenden einfach das Bewusstsein für das Problem oder die notwendige Kenntnis der Technik wissenschaftlichen Arbeitens. Insofern haftet den grauen Plagiatsfällen meist eine gewisse Tragik an, das Resultat ist indes gleich bitter.

Ganz ähnlich lassen sich **unpräzise Belege** differenzieren: Es gibt Zeitgenossen, die Fußnoten für einzelne Aussagen schlichtweg erfinden, in der Hoffnung, der korrigierende Leser würde die Angabe schon nicht prüfen. War diese Erwartung vergeblich – was oft der Fall ist –, bleibt bei der Bewertung der Arbeit naturgemäß wenig Spielraum nach unten. Tragischer sind wieder jene Fälle, in denen die Betreffenden aus purer Unwissenheit falsch belegen.

Mit diesem gesamten Komplex verbunden, aber dennoch getrennt zu sehen, ist die Frage nach dem **angemessenen Einsatz** von **Zitaten** und **Belegen** in einer schriftlichen Arbeit. Wann sollte man zitieren? Wann besser paraphrasieren, also einen Sachverhalt in eigenen Worten umschreiben? Wie lang sollen Zitate sein, und wie sollen sie in den Text integriert werden? Was soll und muss man überhaupt belegen? Hier geht es also weniger um ‚richtig' oder ‚falsch', sondern um qualitative Standards wissenschaftlichen Arbeitens.

Die gesamte Problematik lässt sich in fünf Schritten abhandeln, wobei auf den drei letzten Stationen überwiegend technisch-formale Gesichtspunkte zu klären sind.

**1.** Zunächst einige Hinweise zum Einsatz von Zitaten und überhaupt zur Frage, wie intensiv die Anlehnung an die Forschungsliteratur ausfallen soll. **Zitate** sind wörtliche Übernahmen aus Quellen oder Literatur, also die Äußerungen anderer. Wenn Sie ein Referat halten oder eine Arbeit schreiben, ist aber in erster Linie wichtig zu wissen, wie **Sie** einen bestimmten Vorgang beschreiben, analysieren oder bewerten. Deswegen müssen Sie sehr sparsam mit Zitaten umgehen. Sie sollten nur dann zitieren, wenn die wörtliche Übernahme einen Informationswert hat, den Sie in eigenen Worten nicht liefern können. Um Missverständnissen vorzubeugen: Das heißt nicht, dass Sie besonders elegant formulierte Passagen abschreiben sollen, die Sie selber (noch) nicht zustande bringen würden, oder Texte kopieren, die Sie selbst nicht zusammenfassen können oder möchten – dann wäre das Zitat nichts anderes als ein deutliches Zeichen von Faulheit, und Sie würden eher eine Textcollage liefern als eine wissenschaftliche Arbeit.

Informationswert meint vielmehr: Die zitierte Stelle enthält eine ganz charakteristische Wendung oder eine spezifische Wertung, und – das ist wichtig – Sie integrieren eben diese Aussage in Ihre Analyse oder Argumentation. Sie dürfen also nur dann zitieren, wenn Sie zu der entsprechenden Passage auch qualifiziert Stellung nehmen. Beim Zitieren von Quellentexten müssen Sie diese interpretieren; aus der Literatur zitieren Sie, um bestimmte Forschungspositionen zu markieren. Das Zitat soll immer nur so lang sein, dass es den angestrebten Informationswert liefert, und es muss in einem angemessenen Verhältnis zur begleitenden Interpretation oder Analyse stehen. Je umfangreicher eine zitierte Passage ausfällt, desto eingehender müssen Sie sich im Anschluss oder im Vorfeld mit ihr befassen. Wenn Sie bestimmte Vorgänge lediglich illustrieren wollen und dafür besonders treffende Zitate gefunden haben, setzen Sie diese besser in die Fußnoten.

Die folgenden Beispiele sollen Ihnen die Problematik veranschaulichen; auf die belegenden Fußnoten gehen wir hier nur ein, wenn es zum Verständnis nötig ist.

In einer Arbeit zur Wirtschaftsentwicklung der frühen 1840er Jahre heißt es:

> Während Müller ein „allgemein wuchtiges Wachstum“ identifiziert, spricht Meier von einem „Strohfeuer“.[1] In der von mir untersuchten Region ist Meiers Position klar wieder zu erkennen: Usw. usw.

Die beiden Zitate kennzeichnen markante Forschungspositionen, der Verfasser bezieht sie in seine Argumentation ein. Der Einsatz der Zitate ist sinnvoll und gelungen.

Eine Untersuchung beschäftigt sich mit Bismarcks Rolle in der Revolution von 1848/49. Der Verfasser schreibt im Text:

> Für Bismarck begann die revolutionäre Welle über Europa sehr unerwartet.[1]

In der beigefügten Fußnote 1 zitiert der Verfasser aus einem Brief Bismarcks an seinen Bruder vom 1.3.1848:

> „Meine Damen sind in händeringender Aufregung über die allerdings sehr unerwarteten Nachrichten aus Frankreich.“ Usw. usw.

Das Zitat belegt Bismarcks Überraschung über den Revolutionsausbruch. Es ist gewiss nicht bedeutsam genug, um in den Text aufgenommen zu werden, als Beleg und zur Illustration aber geeignet und daher in einer Fußnote gut aufgehoben.

In einer Analyse der deutschen Verfassungsentwicklung um 1815 schreibt der Autor:

> Ausgangspunkt aller Überlegungen und Kontroversen war Artikel 13 der Deutschen Bundesakte: „In allen Bundesstaaten wird eine Landständische Verfassung stattfinden."[1] Diese Formulierung war vage und führte zu einer ganzen Reihe unterschiedlicher Interpretationen. Dazu gehörten insbesondere die folgenden drei: Usw. usw.

Es ist sinnvoll, den Artikel 13 im Wortlaut zu zitieren, denn nur so wird seine Unbestimmtheit deutlich, die der Verfasser zudem im weiteren Verlauf noch behandelt.

In einer Arbeit zum Paulskirchenparlament von 1848/49 ist formuliert:

> Die Kehrseite der intensiven Lobbyarbeit war die mühevolle Aufgabe der Abgeordneten, die unterschiedlichsten Wünsche abzuklären. „Die Abgeordneten und ihre Fraktionen gingen selbst in zunehmend stärkerem Maße dazu über, die Öffentlichkeit gezielt zu beeinflussen. Ein Teil der Fraktionen gab Parlamentskorrespondenzen heraus, alle konnten in politisch nahestehenden Zeitungen veröffentlichen oder verfügten über eigene Organe."[1] Somit waren die ersten Voraussetzungen für ein politisches System mit Wechselwirkung in Form von input und output gegeben.

Dieses Zitat ist herzlich überflüssig, denn der Sachverhalt lässt sich ohne weiteres in eigene Worte fassen. Das Zitat ist eher aus Bequemlichkeit denn aus Notwendigkeit eingefügt worden.

In einer Untersuchung zur Stellung der Frau im Deutschen Kaiserreich um 1900 konstatiert der Verfasser:

> Der Mensch wurde im Kaiserreich nicht als Produkt seiner Umwelt, sondern als von der Natur programmiertes Wesen mit einem angeborenen Geschlechtscharakter betrachtet. „Die Frauen sind nicht oberflächlich und trivial von Natur, sondern die Erziehung behaftet sie mit diesem Makel, indem sie ihnen diejenigen Beschäftigungen, diejenigen Studien und Gebiete der Thätigkeit vorenthält, an denen selbständiges Denken sich entwickelt."[1] Großen Einfluss auf alle späteren Erziehungsmethoden hatte Jean-Jacques Rousseaus Schrift Emile.

Das eingefügte Zitat stammt von der Frauenrechtlerin Hedwig Dohm. Es fällt in dieser Arbeit regelrecht vom Himmel und steht völlig isoliert da. Der Verfasser geht mit keinem Wort darauf ein – ja er scheint nicht einmal realisiert zu haben, dass sich seine eingangs formulierte Feststellung und Dohms Meinung geradezu unvereinbar gegenüberstehen.

**2.** Nicht nur Zitate müssen Sie belegen, sondern auch **referierende Zusammenfassungen ohne wörtliche Übernahmen**, weiterführende Hinweise, zustimmende oder ablehnende Bewertungen anderer Werke; hier lauert ansonsten die Gefahr des bereits beschriebenen **grauen Plagiats**. In diesen Kontext gehört aber auch die Frage, wie eng Sie sich eigentlich an die bereits existierende Forschung anlehnen können und sollen.

Viele Schwierigkeiten lassen sich vermeiden, wenn Sie schon bei Beginn Ihrer Arbeit einige Gesichtspunkte beachten. Dazu gehört zunächst einmal eine realistische Einschätzung dessen, was Sie leisten können und sollen: Es ist natürlich völlig klar, dass Sie in Ihrem Studium nicht Amerika neu entdecken können. Wenn Sie wissenschaftlich arbeiten, orientieren Sie sich an den Forschungsergebnissen professioneller Historiker und an Quellen, die bereits gedruckt vorliegen; ungedruckte, archivalische Quellen werden in aller Regel frühestens in einer Masterarbeit verwendet. Das Verhältnis zwischen Forschungsliteratur und auszuwertenden Quellen wird sich im Laufe Ihres Studiums meist in Richtung der Quellen verschieben, aber gerade in den ersten Semestern wird die Quelleninterpretation eng begrenzt bleiben und immer an bestehende Forschung angebunden sein. Niemand wird Ihnen also einen Vorwurf machen, wenn Sie sich in diesem Rahmen bewegen.

Gleichwohl sollten Sie schon bei der Wahl Ihres Themas darauf achten, dass es zu diesem Aspekt hinreichend Quellen und Literatur gibt. Außerdem müssen Sie schon in den ersten Semestern versuchen, eine eigene Fragestellung zu entwickeln, die Sie von der verfügbaren Forschungsliteratur zumindest minimal emanzipiert. Wer ein Thema bearbeitet, zu dem nur ein einziger, 20 Seiten langer Aufsatz vorliegt, wird fast schon zwangsläufig dem Argumentationsgang, den Thesen und Ergebnissen dieses einen Autors hinterhertraben, was die Gefahr eines grauen Plagiats naturgemäß erhöht.

Ein weiterer, sehr wichtiger Punkt ist das richtige Lesen und Exzerpieren, das wir bereits in Kapitel 3 behandelt haben. Sie vermeiden das Risiko, ein graues Plagiat oder ungenaue Belege zu erzeugen, wenn

Sie wörtliche Übernahmen penibel kennzeichnen und die jeweilige Fundstelle mit Seitenangabe festhalten. Wenn Sie während des Lesens Zusammenfassungen notieren, bemühen Sie sich, wirklich eigene Worte zu wählen und einzelne wörtliche Übernahmen aus der konsultierten Vorlage auch hier genau zu markieren. So haben Sie später, wenn Sie Ihre Notizen für das Schreiben der Hausarbeit heranziehen, keine Schwierigkeiten, Eigenes von Fremdem zu unterscheiden.

Beim Belegen außerhalb der Zitate das richtige Maß zu finden ist zu einem guten Teil Erfahrungssache. Seien Sie also nicht verunsichert, wenn Sie beim ersten oder zweiten Versuch noch Schwierigkeiten haben. Generell gilt: Belegen Sie im Zweifel lieber zu dicht als zu selten. Einige Tipps können Ihnen hier weiter helfen:

Vorgänge und Fakten, die unstreitig und bekannt sind, müssen Sie nicht belegen: Dass der Dreißigjährige Krieg 1618 ausgebrochen ist, Wilhelm II. Deutscher Kaiser war, die SPD eine Arbeiterpartei war, Kennedy ermordet wurde oder dass am 9.11.1989 die Mauer fiel – all das ist an sich keinen Beleg wert. Wenn Sie aber zu Wertungen, Interpretationen und Analysen dieser Themenbereiche kommen, dann müssen Sie belegen. Etwa, wenn Sie in Ihrer Arbeit drei zeitgenössische Stimmen zum Kriegsausbruch 1618 vorstellen, sich an eine wichtige Deutung zur Herrschaftstechnik Wilhelms II. anlehnen, angeben, welcher Prozentsatz an Arbeitern 1912 die SPD wählte, die verschiedenen Mutmaßungen zum Kennedy-Mord behandeln oder auf die in der Wissenschaft debattierten Umstände der deutschen Wiedervereinigung eingehen.

Achten Sie darauf, dass bestimmte Formulierungen stets Belege erfordern, etwa wenn Sie schreiben: „Viele Historiker sind heute der Ansicht, dass“, oder: „Schon etliche Zeitgenossen bezweifelten, dass“. In diesen Fällen müssen in der Fußnote entsprechende Nachweise auftauchen, und zwar mehrere, da Sie ja von vielen Historikern bzw. etlichen Zeitgenossen gesprochen haben.

Belegen müssen Sie auch immer, wenn Sie schreiben, A habe gegenüber B dieses und jenes gesagt oder an C dies und das geschrieben oder sich im Parlament so und so geäußert. Gleiches gilt, wenn es in Ihrer Arbeit heißt, die Vertragsklausel xy bestimme das und das oder die Statistik zeige dieses und jenes.

Versuchen Sie stets, möglichst einschlägig zu belegen. Wählen Sie also als Nachweis jene Titel aus, die sich mit dem zu belegenden Vorgang zentral auseinander setzen. Das wird Ihnen in Ihren ersten Semestern schwerer fallen als später, Sie sollten diese Zielvorgabe aber von Beginn an im Auge haben.

Egal ob Zitat oder Paraphrase oder weiterführender Hinweis: Sie dürfen **als Beleg nur solche Werke angeben**, die Sie wirklich **selbst eingesehen** haben. Ein Beispiel: Sie arbeiten zum berühmt-berüchtigten Erdbeben, das die portugiesische Hauptstadt Lissabon im Jahr 1755 weitflächig zerstört hat. Sie stoßen dabei auf den im Jahr 2002 in der *Historischen Zeitschrift* erschienenen Aufsatz von Christiane Eifert und werten diesen aus.[91] In dem Beitrag wird ausführlich darauf Bezug genommen, wie Zeitgenossen die Katastrophe deuteten, unter anderem Immanuel Kant. Sie finden in Eiferts Aufsatz Zitate aus Kants Schrift *Von den Ursachen der Erderschütterungen*. Es ist nun dringend geboten, dass Sie sich Kants (nach-)gedruckt vorliegende Schrift besorgen, selbst einsehen und Übernahmen in Ihre Arbeit entsprechend mit dieser Schrift belegen. Wenn Sie dagegen einfach die Belege zu Kants Aufsatz aus den Fußnoten des Eifertschen Aufsatzes abschreiben, also nur vorgeben, Sie hätten Kants Werk eingesehen, bewegen Sie sich im Täuschungsbereich – und verschenken zudem die Chance, durch eigene Recherchen Ihre Ergebnisse zu erweitern. Nur wenn Sie den angegebenen Titel nicht erhalten können, oder wenn es sich um eine archivalische (und Ihnen deshalb nicht zugängliche) Quelle handelt, können Sie auf eine Prüfung der Angabe verzichten. Dann müssen Sie dies in der Fußnote aber auch durch die Abkürzung *zit. bei* oder *zit. nach* deutlich machen. Hätte Christiane Eifert beispielsweise Augenzeugenberichte ausgewertet, die ausschließlich in portugiesischen Archiven liegen, könnten Sie diese natürlich nicht im Original prüfen; dann dürften Sie aber als Nachweis auch nicht die Titel dieser Berichte angeben. Stattdessen hieße es in der Fußnote: So notierte ABC am soundsovielten an jener Stelle, zit. bei Eifert: Erdbeben, S. xy. Merken Sie sich also bitte: Sie dürfen in den Fußnoten nur Titel angeben, die Sie selbst eingesehen haben. Und: Die Angaben *zit. bei* oder *zit. nach* sind nur für den Fall zulässig, dass Sie sich das fragliche Werk bzw. die fragliche Quelle nicht ohne größere Umstände besorgen können.

**3.** Alle Sätze oder Teilsätze, die Sie als **Zitate** in Ihre Arbeit übernehmen, müssen Sie zur Verdeutlichung in „Anführungszeichen" einschließen und mit Fußnote oder Anmerkung (dazu gleich mehr) belegen. **Veränderungen des Wortlauts** gegenüber dem Original sind grundsätzlich **nicht gestattet**. Von dieser eisernen Regel gibt es nur

---

[91] Christiane Eifert: Das Erdbeben von Lissabon 1755. Zur Historizität einer Naturkatastrophe. In: Historische Zeitschrift 274 (2002), S. 633-664.

wenige Ausnahmen: Sie dürfen die Groß- oder Kleinschreibung am Beginn des Zitats anpassen sowie gegebenenfalls den Kasus, falls sich das Zitat nur so grammatikalisch korrekt in Ihren Text integrieren lässt. Sie können das Zitat kürzen, aber natürlich nur ohne den Sinn zu verfälschen. Wenn Sie solche Auslassungen innerhalb des laufenden Zitates vornehmen, müssen Sie diese mit drei Punkten in eckigen Klammern kennzeichnen: *[...]*. Wenn Sie dagegen am Anfang oder am Ende des Zitates Satzteile weglassen, bleibt das ohne Markierung. Druckfehler oder seltsam erscheinende Schreibungen werden nicht etwa stillschweigend ausgebessert, sondern mit *[sic!]* oder *[!]* gekennzeichnet; nicht markiert werden indes Schreibweisen, die den Gewohnheiten oder Regeln vergangener Zeiten folgen, wie etwa „Clavier" oder „Unterthan" oder „daß". Wenn erklärende Ergänzungen zum Zitat nötig sind, werden diese ebenfalls mit eckigen Klammern markiert.

Außerdem müssen Sie jede Hervorhebung im Zitat (etwa durch Unterstreichen, Fettdruck etc.) erläutern. Wenn Sie die Hervorhebung eines Wortes oder einer Passage aus dem Original in Ihren Text übernehmen, heißt es in der Fußnote dazu erläuternd: *Hervorhebung im Original.* Falls Sie eigenständig hervorheben, also ohne dass dies im Originaltext geschehen wäre, muss die Erklärung in der Fußnote lauten: *Meine Hervorhebung*. Und schließlich kann es auch vorkommen, dass Sie eine ursprünglich hervorgehobene Passage selber nicht hervorheben wollen. Dann lautet der entsprechende Text in der Fußnote: *Im Original von ... bis ... hervorgehoben.* Zitate werden in der Regel in den Text integriert. Längere Zitate können

> eingerückt und einzeilig abgesetzt werden.
> In diesem Fall entfällt die Kennzeichnung
> durch Anführungsstriche. Dieses Verfahren
> hat indes den Nachteil, dass es den Satzspiegel
> optisch zerreißt.

Fremdsprachige Zitate bleiben im Original, wenn es sich um eine gängige Fremdsprache handelt, wie Englisch, Französisch, Griechisch, Latein.

Zitate innerhalb eines laufenden Zitats werden mit ‚einfachen Anführungsstrichen' gekennzeichnet. Wenn es etwa in einem Aufsatz heißt: Diese Maßnahme hielt Adenauer für „ungeschickt", dann sieht das entsprechende Zitat in Ihrer Arbeit so aus: „Diese Maßnahme hielt Adenauer für ‚ungeschickt'".

Weitere Beispiele für die Zitierregeln:

Sie arbeiten über die preußische Innenpolitik um 1840 und verwenden dazu unter anderem Thomas Nipperdey: Deutsche Geschichte 1800-1866. Bürgerwelt und starker Staat. München 1983. Auf Seite 397 schreibt Nipperdey: „Der entscheidende Punkt der preußischen Politik war die Verfassungsfrage, das nicht erfüllte Verfassungsversprechen der Reformzeit. Es wurde seit der Thronbesteigung des Königs öffentlich angemahnt und eingeklagt."

Wie die gesamte Passage zu zitieren wäre, haben Sie nun schon gesehen. Eine denkbare Variante ist, dass Sie nur die erste Hälfte des ersten Satzes zitieren: „Der entscheidende Punkt der preußischen Politik war die Verfassungsfrage". Das Zeichen *[...]* entfällt, denn die Auslassung liegt ja am Ende des Zitats. Beachten Sie, dass das Satzzeichen (der Punkt) konsequenterweise hinter den Anführungsstrichen gesetzt ist, denn es gehört nicht zum Zitat.
Möglich wäre aber auch, dass Sie bereits im vorhergehenden Satz von der „preußischen Politik" gesprochen haben und deswegen diese Formulierung nicht noch einmal brauchen. Dann lassen Sie den Mittelteil des Zitats weg: „Der entscheidende Punkt [...] war die Verfassungsfrage". Hier sind nun Auslassungszeichen notwendig.

Eine weitere Variante ist, dass Sie Nipperdeys Bemerkung in einen eigenen Satz integrieren und grammatikalisch anpassen. Etwa folgendermaßen: Die Bedeutung der Verfassungsfrage kann gar nicht hoch genug einschätzt werden, dies betont auch die Forschung. Nipperdey etwa spricht von einem „entscheidende[n] Punkt". Das notwendige Dativ-n beim Wort *entscheidende* wird mit eckigen Klammern [] angefügt.

Sie können den zitierten Satz bei Bedarf auch umfassender anpassen, solange dies nicht den Sinn verfälscht. Denkbar ist etwa folgende Passage: Das Verfassungsversprechen war ein zentraler Aspekt der politischen Debatte. Nipperdey verweist darauf, dass „es [...] seit der Thronbesteigung des Königs öffentlich angemahnt und eingeklagt [wurde]."
Hier waren gleich mehrere Anpassungen nötig: Das ursprünglich groß geschriebene *Es* wurde zu *es*, das Wort *wurde* ist an das Ende des Satzes gewandert, an seinen alten Platz kommt das Auslassungszeichen [...], an der neuen Stelle ist *wurde* mit eckigen Klammern einzufügen.

Vielleicht müssen Sie in Ihrer Arbeit auch erläutern, um welchen König es sich bei der erwähnten Thronbesteigung eigentlich handelte. Dann fügen Sie dies ebenfalls in eckigen Klammern an, und wenn Sie mögen, können Sie Ihre eigenen Initialen dazu schreiben: „Es wurde seit der Thronbesteigung des Königs [Friedrich Wilhelms IV., W.P.] öffentlich angemahnt und eingeklagt.“ Beachten Sie, dass die Ergänzung grammatikalisch angepasst wird, hier also im Genitiv steht. Der Punkt am Ende des Satzes steht nun übrigens zu Recht noch innerhalb des Zitats.

Noch ein letzter Tipp in diesem Zusammenhang: Benutzen Sie die „Anführungszeichen“ wirklich nur für Zitate. Es gibt Zeitgenossen, die sich beim Finden der treffenden Begriffe manchmal schwer tun und dann mäßig passende oder salopp gemeinte Formulierungen in „Anführungsstriche“ setzen, wie um sie gegen Kritik abzusichern. Etwa wenn es in einer Arbeit zu Napoleon heißt, dieser habe Propagandamaßnahmen „gepusht“ und seine innenpolitischen Feinde „über die Klinge springen lassen“ oder wenn in einer anderen Untersuchung davon die Rede ist, die Griechen hätten die Perser „untergebuttert“. Hier signalisieren die Anführungszeichen nur, dass die Verfasser sich selbst nicht sicher über die Wahl ihres Begriffs waren – und das zu Recht.

**4.** Bevor wir uns Fußnoten genauer ansehen, müssen wir noch die Regeln der **Titelaufnahme** klären, also die Frage, wie Sie Literatur und Quellen überhaupt verzeichnen müssen. Grundsätzlich gilt: Alle Bücher, Aufsätze und Quellen, die Sie verwenden, sind zu dokumentieren. Diese Titel gehören zum einen in das Quellen- und Literaturverzeichnis (dazu weitere Hinweise in Kapitel 10). Zum andern muss jedes Werk, das in diese Verzeichnisse aufgenommen wurde, mindestens einmal im Fußnotenapparat auftauchen. Diese Regel schafft Klarheit über den konkreten Verwendungszweck des Werkes und verhindert so genannte Blendwerk-Bibliographien, also endlose Literaturlisten, die nur Eindruck schinden sollen, aber in der Realität gar nicht abgearbeitet wurden.

Die Regeln für die bibliographisch korrekte Titelaufnahme sind in Deutschland relativ einheitlich, weichen aber in Nuancen voneinander ab. Wir stellen Ihnen im Folgenden eine weit verbreitete Variante vor, wollen aber ausdrücklich betonen, dass sie nur eine von mehreren Möglichkeiten ist. Für welche Version auch immer man sich entscheidet, wichtig ist vor allem, innerhalb einer Arbeit konsequent bei einer Form zu bleiben. Das hat auch gute Gründe: Nur wenn die Regeln einigermaßen einheitlich befolgt werden, ist eine rasche und unmissverständliche Orientierung möglich.

Maßgeblich für die Aufnahme ist die Angabe auf dem Titelblatt am Beginn des Buches, nicht jene auf Buchrücken, Einband oder gar Schutzumschlag; hier finden Sie oft eine aus optischen oder ästhetischen Gründen verkürzte Nennung. Akademische Titel (Dr. und / oder Prof.) stehen gewöhnlich nicht auf der Titelseite des Buches und werden auch in Fußnoten und Literaturverzeichnis nicht genannt. Dass es sich um Buchtitel handelt, muss nicht eigens kenntlich gemacht werden; Sie dürfen also keine Anführungszeichen oder Ähnliches verwenden (es sei denn, diese Zeichen sind Bestandteil des Titels). Die Angabe des Verlages ist unnötig. Alle Angaben zu einem Titel folgen ohne Unterbrechung durch Absatz oder Zeilensprung aufeinander.

Die Standardform für die Aufnahme von **Monographien** (siehe dazu Kapitel 2), ist folgende:

Name, Vorname ausgeschrieben [Doppelpunkt oder Komma] Buchtitel [Doppelpunkt oder Punkt] Vollständiger Untertitel [Punkt oder Komma] Verlagsort(e) [Komma oder ohne Komma] Jahr [abschließender Punkt]

Beispiel:

Schwabe, Klaus: Weltmacht und Weltordnung. Amerikanische Außenpolitik von 1898 bis zur Gegenwart. Eine Jahrhundertgeschichte. Paderborn u.a. 2011.

Bei **Sammelbänden** hat man es nicht mit einem Verfasser, sondern mit einem oder mehreren Herausgebern zu tun. Dies ist kenntlich zu machen durch die Angabe (Hg.) oder (Hrsg.) hinter dem letzten Namen. Herausgeber oder Bearbeiter einer Quellenedition werden analog mit (Hg.) oder (Hrsg.) bzw. (Bearb.) gekennzeichnet.

Beispiel:

Schulze Wessel, Martin und Requate, Jörg (Hrsg.): Europäische Öffentlichkeit, Transnationale Kommunikation seit dem 18. Jahrhundert. Frankfurt/M. 2002.

Gerade bei Quellenbänden, aber auch bei Enzyklopädien und ähnlichen Publikationen ist der wesentliche Orientierungspunkt oft nicht der Bearbeiter oder das Herausgeberteam, sondern das Werk selbst.

Dann zieht man den Titel besser nach vorne und fügt die Herausgeber oder Bearbeiter an. Welche Variante die treffendere ist, müssen Sie je nach Fall entscheiden, falsch ist keine.

Beispiel:

> Die Urkunden Friedrichs II. 1198-1212, bearb. von Walter Koch unter Mitwirkung von Klaus Höflinger und Joachim Spiegel und unter Verwendung von Vorarbeiten von Charlotte Schroth-Köhler. Hannover 2002 (= Monumenta Germaniae Historica, Diplomata regum et imperatorum Germaniae XIV/1).

Wenn ein Buch als Teil einer Reihe erschienen ist, können Sie dies kenntlich machen, unbedingt nötig ist es nicht. Wenn Sie sich allerdings für die Angabe der Reihe entscheiden, müssen Sie es auch konsequent und richtig machen. Dazu sind, wie beim letzten Beispiel schon zu sehen, der Reihentitel und die laufende Nummer innerhalb der Reihe anzugeben und in Klammern mit einem = Zeichen anzuhängen.

Weiteres Beispiel:

> Zerback, Ralf (Bearb.): Reformpläne und Repressionspolitik 1830-1834. München 2003 (= Quellen zur Geschichte des Deutschen Bundes, Abteilung II: 1830-1848, Bd. 1).

Hierzu noch ein wichtiger Hinweis: Die Angabe der Reihe ist gerade für Anfänger eine Fehlerquelle ersten Ranges. Solange Sie die Titelaufnahme nicht sicher beherrschen, sollten Sie den Reihentitel besser einfach weglassen. Das ist allemal günstiger, als ärgerliche Missverständnisse zu erzeugen. Ein echter Klassiker ist die folgende **fehlerhafte Version**:

> Zerback, Ralf (Bearb.): Reformpläne und Repressionspolitik 1830-1834. In: Quellen zur Geschichte des Deutschen Bundes, Abteilung II: 1830-1848, Bd. 1. München 2003.

Hier wurde statt des = Zeichens und der Klammern ein *In:* gesetzt. Dieses Wörtchen ist an jener Stelle höchst verhängnisvoll: Es macht den Quellenband unbeabsichtigt zu einem Aufsatz, denn gerade in dieser Form werden Aufsätze angegeben, wie Sie gleich noch sehen werden.

Üblicherweise werden maximal drei Autoren oder Herausgeber sowie ebenfalls höchstens drei Verlagsorte angegeben. Ist die Zahl größer, können Sie durch *u.a.* abkürzen.

Beispiel: Das folgende Buch hat vier Herausgeber sowie sieben Erscheinungsorte.

Ehlers, Klaas-Hinrich, Höhne, Steffen, Maidl, Václav und Nekula, Marek (Hrsg.): Brücken nach Prag. Deutschsprachige Literatur im kulturellen Kontext der Donaumonarchie und der Tschechoslowakei. Festschrift für Kurt Krolop zum 70. Geburtstag. 2., korr. Aufl. Frankfurt/M., Berlin, Bern, Brüssel, New York, Oxford, Wien 2002.

Sie können den Sammelband stattdessen in folgender gekürzter Fassung aufnehmen:

Ehlers, Klaas-Hinrich u.a. (Hrsg.): Brücken nach Prag. Deutschsprachige Literatur im kulturellen Kontext der Donaumonarchie und der Tschechoslowakei. Festschrift für Kurt Krolop zum 70. Geburtstag. 2., korr. Aufl. Frankfurt/M. u.a. 2002.

Wenn ein Buch bereits in höherer Auflage erschienen ist, muss dies vermerkt werden. Eine Möglichkeit ist, die Ziffer der Jahreszahl erhöht oder eingeklammert voran zu stellen; andere Varianten sind aber auch erlaubt, Sie können beispielsweise auch einfach *2. Auflage* ausschreiben oder als *2. Aufl.* abkürzen. Anzugeben sind darüber hinaus Veränderungen gegenüber der Erstauflage, beispielsweise für erweiterte *(erw.)* und verbesserte *(verb.)* Neuauflagen. In diesen Fällen ist es zudem sehr wichtig, dass Sie die neue Auflage auch tatsächlich verwenden. Wer mag, kann noch die Erstauflage in eckigen Klammern dahinter setzen; das ist insbesondere dann sinnvoll, wenn das Buch nicht überarbeitet wurde und die erste Auflage schon länger zurückliegt.

Beispiele:

Göttert, Karl-Heinz: Kleine Schreibschule für Studierende. München $^{2}$2002 [$^{1}$1999].

Opgenoorth, Ernst und Schulz, Günther: Einführung in das Studium der neueren Geschichte. 6., grundlegend überarb. Aufl. Paderborn u.a. 2001.

Weiler, Ingomar (Hrsg.): Grundzüge der politischen Geschichte des Altertums. 2., verb. Aufl. Wien u.a. 1995.

Wenn Angaben zum Verfasser, zum Erscheinungsort oder -jahr fehlen, dann müssen Sie das in der Titelaufnahme kenntlich machen. Eine anonym erschienene Schrift versehen Sie mit der Angabe *[Anon.]* oder *[-]*. Falls Sie trotz des anonymen Erscheinens den Autor kennen, setzen Sie ihn in eckige Klammern. Ist bei einem Werk der Erscheinungsort nicht angegeben, verwenden Sie stattdessen die Abkürzung: *o.O.* (ohne Ort) oder *s.l.* (von lat. sine loco). Analog verfahren Sie, wenn das Erscheinungsjahr fehlt, indem Sie *o.J.* (ohne Jahr) oder *s.a.* (von lat. sine anno) angeben. Wenn Sie die Erscheinungsdaten trotz ihres Fehlens kennen, fügen Sie sie in eckigen Klammern an.

Beispiel:

[Widemann, Josef]: Der süddeutsche Bund. s.l. [Augsburg] s.a. [1816].

Bis in die 1950er Jahre hinein mussten Dissertationen nicht gedruckt werden; Habilitationsschriften sind bis heute vom Druckzwang befreit. Wenn Sie solche maschinenschriftliche Arbeiten verwenden, müssen Sie die Fachrichtung (abgekürzt Phil., Med., Jur. usw.), das Kürzel *Diss. [masch.]* bzw. *Habil. [masch.]*, den Universitätsort und das Jahr angeben.

Beispiel:

Kohl, Helmut: Die politische Entwicklung in der Pfalz und das Wiedererstehen der Parteien nach 1945. Phil. Diss. [masch.] Heidelberg 1958.

Bei der Aufnahme von **unselbstständigen Veröffentlichungen** (siehe dazu Kapitel 2) ist zu unterscheiden zwischen Zeitschriftenaufsätzen und Aufsätzen in Sammelbänden.

Die Standardform für die **Aufnahme von Zeitschriftenaufsätzen** ist folgende:

Name, Vorname ausgeschrieben [Doppelpunkt oder Komma] Titel des Aufsatzes [Punkt oder Komma] Vollständiger Untertitel [Punkt oder Komma] In/in [Doppelpunkt] Titel der Zeitschrift Bandnummer (Jahr) [Komma] Seitenzahlen des Aufsatzes [abschließender Punkt]

Vergessen Sie nicht, bei der Aufnahme von Aufsätzen die Seitenzahlen des jeweiligen Beitrags anzugeben. Zu nennen sind die erste und die letzte Seite des Aufsatzes. Arbeiten Sie nicht mit vagen Angaben, wie zum Beispiel der Abkürzung *ff.* für viele folgende Seiten. Kein Mensch weiß dann, ob der Beitrag fünf oder 50 Seiten umfasst. Beachten Sie auch, dass bei Zeitschriften grundsätzlich kein Herausgeber und kein Erscheinungsort genannt werden.

Beispiel:

Eich, Armin: Der Wechsel zu einer neuen ‚grand strategy‘ unter Augustus und seine langfristigen Folgen. In: Historische Zeitschrift 288 (2009), S. 561-611.

Die Standardform für die **Aufnahme von Aufsätzen in Sammelbänden** ist folgende:

Name, Vorname ausgeschrieben [Doppelpunkt oder Komma] Titel des Aufsatzes [Punkt oder Komma] Vollständiger Untertitel [Punkt oder Komma] In/in [Doppelpunkt] Vorname Name des Herausgebers / der Herausgeber des Sammelbandes (Hrsg.)/(Hg.) [Doppelpunkt oder Komma] Titel und Untertitel des Sammelbandes [Punkt oder Komma] Ort [Komma oder kein Komma] Jahr [Komma] Seitenzahlen des Aufsatzes [abschließender Punkt]

Beispiel:

Siemann, Wolfram: Die deutsche Revolution von 1848/49. In: Hans-Ulrich Wehler (Hrsg.): Scheidewege der deutschen Geschichte. Von der Reformation bis zur Wende 1517-1989. München 1995, S. 91-102.

Falls Sie sich entscheiden, den Sammelbandtitel vor den Herausgeber zu ziehen (s. oben), sieht die Aufnahme folgendermaßen aus:

Siemann, Wolfram: Die deutsche Revolution von 1848/49. In: Scheidewege der deutschen Geschichte. Von der Reformation bis zur Wende 1517-1989, hrsg. von Hans-Ulrich Wehler. München 1995, S. 91-102.

Hat der Herausgeber eines Sammelbandes dort auch noch einen Aufsatz publiziert, wird an die Stelle der zweiten Namensnennung die Abkürzung *Ders.* oder *Dies.* gesetzt (für Derselbe oder Dieselbe).

Beispiel aus dem eben erwähnten Band:

Wehler, Hans-Ulrich: Der deutsche Nationalismus bis 1871. In: Ders. (Hrsg.): Scheidewege der deutschen Geschichte. Von der Reformation bis zur Wende 1517-1989. München 1995, S. 116-130.

**5.** Nachdem nun die Titelaufnahme geklärt ist, kommen wir zum letzten formal-technischen Aspekt: Wie sehen korrekte **Fußnoten** oder **Anmerkungen** aus? Von Fußnoten spricht man, wenn die Belege am Fuß der Textseite zu finden sind, wie es auch bei dem Buch der Fall ist, das Sie gerade in Händen halten. Anmerkungen – auch Endnoten genannt – folgen dem Textteil en bloc als getrennter Apparat. Weil niemand gerne hin- und herblättert, sind Fußnoten bei wissenschaftlichen Arbeiten immer die bessere Wahl – und im Zeitalter moderner Textverarbeitungsprogramme auch von jedermann problemlos zu erzeugen.

Nach dem Ende der zu belegenden Stelle folgt die Ziffer der zugehörigen Fußnote, in der man den Beleg nachlesen kann. Sie wird hochgestellt[23] oder in Klammern gesetzt (23). Fußnoten bilden stets ganze Sätze: Man beginnt also mit einem Großbuchstaben und schließt mit einem Punkt ab. Ob Sie alle Fußnoten Ihrer Arbeit durchzählen (die leichteste Version), oder pro Kapitel oder gar pro Seite neu zu zählen beginnen, bleibt in der Regel Ihnen überlassen.

Wird ein Titel in der Fußnote **zum ersten Mal** erwähnt, so ist er **vollständig** aufzunehmen. Er unterscheidet sich von der Titelaufnahme für das Literaturverzeichnis, die wir eben durchexerziert haben, nur dadurch, dass der Vorname vor dem Nachnamen steht (eine Alphabetisierung wäre für die Fußnoten schließlich unsinnig) und dass gegebenenfalls die Seitenangabe der zu belegenden Stelle angehängt wird. Beachten Sie insbesondere, dass bei Erstnennung von Aufsätzen aus Zeitschriften oder Sammelbänden immer anzugeben ist, auf welche Seiten sich der Beitrag insgesamt erstreckt (diese Angabe ist schließlich Teil der Titelaufnahme) und dann gegebenenfalls noch der konkrete Seitenbeleg anzufügen ist, wie im letzten der folgenden Beispiele.

Beispiele (mit fingierter Fußnotenzählung):

[7] Georg G. Iggers: Geschichtswissenschaft im 20. Jahrhundert. Ein kritischer Überblick im internationalen Zusammenhang. Göttingen 1993, S. 45-88.
[8] Michael Borgolte: Mittelalterforschung und Postmoderne. Aspekte einer Herausforderung. In: Zeitschrift für Geschichtswissenschaft 43 (1997), S. 615-627.
[9] Elisabeth Fehrenbach: Adel und Adelspolitik nach dem Ende des Rheinbundes. In: Hans-Peter Ullmann und Clemens Zimmermann (Hrsg.): Restaurationssystem und Reformpolitik. Süddeutschland und Preußen im Vergleich. München 1996, S. 189-198, hier: S. 191.

Arbeiten Sie in Ihren Fußnoten nicht mit vagen Angaben, wie etwa *passim* (als Angabe für: steht verstreut im ganzen Werk) oder *ff.* (etwa 45ff.) für unbestimmt viele folgende Seiten. Solche Nachweise lassen sich nicht überprüfen und auch nicht vernünftig auswerten. Geben Sie deshalb immer genau die Seitenzahl(en) an, auf die Sie sich beziehen. Als Abkürzung in dieser Hinsicht zulässig und gewünscht ist lediglich ein *f.* für die unmittelbar folgende Seite. Schreiben Sie also S. 34f. statt S. 34-35.

Haben Sie ein Werk schon einmal in einer Fußnote belegt, verwenden Sie bei jeder weiteren Erwähnung den so genannten **Kurztitel**. Er besteht in der Regel aus dem Nachnamen des Autors und einem, eventuell auch mehreren sinnführenden Nomen. Prüfen Sie am Ende des Schreibprozesses genau, ob Sie jeden angegebenen Titel zunächst vollständig und dann als Kurztitel aufgeführt haben. Bedenken Sie, dass diese Angaben gegebenenfalls anzupassen sind, wenn Sie einzelne Textblöcke Ihrer Arbeit verschieben.

Beispiel:

[7] Iggers: Geschichtswissenschaft, S. 45f.

Verwenden Sie statt dieser Kurztitelform nicht die Abkürzung *a.a.O.*, die für „am angegebenen Ort“ steht (also Iggers, a.a.O., S. 45f.). Sie ist aussage- und daher wertlos, taucht aber leider immer wieder auf. Wenn Sie mehrere Werke ein und desselben Autors verwenden, ist sie sogar verwirrend, weil unklar bleibt, welcher Titel gerade mit *a.a.O.* gemeint ist.

Wird **derselbe Titel** in **derselben Fußnote mehrfach hintereinander** oder in **unmittelbar aufeinanderfolgenden Fußnoten** genannt, so genügt es ab der zweiten Nennung, die Abkürzung *Ebd.* oder *Ebda.* (für Ebenda) zu verwenden; hin und wieder findet man auch die lateinische Form *Ibid.* (für Ibidem). Angefügt wird dann nur noch die von der vorstehenden Fußnote abweichende Information.

Beispiel (mit fingierter Fußnotenzählung):

[4] Fehrenbach: Adel und Adelspolitik, S. 191f. Hier auch zur Frage des Stammbaum-Kultes. Hinweise zu den Patrimonialgerichten finden sich ebd., S. 195.
[5] Ebd., S. 196.
[6] Ebd.

Fußnote 4 dokumentiert die Verwendung von Kurztitel (Nachname und sinnführende Nomen) und der Abkürzung *ebd.* in derselben Fußnote. Fußnote 5 signalisiert: derselbe Aufsatz, aber andere Seite. Fußnote 6 verweist weiter auf denselben Aufsatz mit derselben Seitenzahl, die zuletzt genannt wurde.

Diese Variante ist nur erlaubt, wenn der mit *Ebd.* bezeichnete Titel einwandfrei identifiziert werden kann. **Falsch** ist daher die folgende Angabe (wieder mit fingierter Fußnotenzählung):

[19] Dazu Hinweise bei Wolfram Siemann: Die deutsche Revolution von 1848/49. In: Hans-Ulrich Wehler (Hrsg.): Scheidewege der deutschen Geschichte. Von der Reformation bis zur Wende 1517-1989. München 1995, S. 91-102, hier: S. 101, sowie bei Hans-Ulrich Wehler: Der deutsche Nationalismus bis 1871. In: Ebd., S. 116-130, hier: S. 117.
[20] Ebd.

Weil in Fußnote 19 zwei Titel genannt sind, ist unklar, auf welchen der beiden Aufsätze sich die Angabe *Ebd.* in Fußnote 20 bezieht. Es muss also stattdessen mit einem Kurztitel (Name, sinnführendes Nomen) gearbeitet werden. Auch hier müssen Sie bedenken, dass die Angaben anzupassen sind, wenn Sie Textpassagen nachträglich verschieben, ergänzen oder umschreiben. Fußnote 19 demonstriert übrigens noch einmal die Verwendung von *Ebd.* in derselben Fußnote.

Ein analoges Verfahren greift, wenn Sie in derselben oder in unmittelbar aufeinander folgenden Fußnoten denselben Verfasser mit unterschiedlichen Werken heranziehen. Dann können Sie ab der zweiten Angabe mit der Abkürzung *Ders.* (für Derselbe) bzw. *Dies.* (für Dieselbe) arbeiten. Wieder gilt: Die Abkürzung muss zweifelsfrei identifizierbar sein.

Beispiele (mit fingierter Fußnotenzählung):

> [43] Vgl. hierzu Jochen Bleicken: Die Verfassung der römischen Republik. Grundlagen und Entwicklung. Paderborn u.a. [8]2000 sowie Ders.: Die athenische Demokratie. 4., völlig überarb. u. wesentl. erw. Aufl. Paderborn u.a. 1995.
> [44] Michael Borgolte: Die mittelalterliche Kirche. München 1992, vor allem S. 30.
> [45] Ders.: Mittelalterforschung und Postmoderne, S. 620.
> [46] Ebd., S. 622.

Fußnote 43 dokumentiert den Einsatz der Abkürzung *Ders.* in einer einzigen Fußnote. Fußnote 45 ist der Kurztitel eines weiter oben schon einmal erwähnten Aufsatzes von Michael Borgolte, hier kann mit *Ders.* abgekürzt werden, weil ein anderer Titel Borgoltes in Fußnote 44 vorausgeht und kein Zweifel am Bezug möglich ist. Fußnote 46 verdeutlicht noch einmal die Verwendung von *Ebd.*: Bezug ist der in Fußnote 45 genannte Aufsatz, nur die Seitenzahl differiert.

**Quellennachweise** sind im Prinzip nicht anders aufgebaut als Forschungsbelege. Hier müssen Sie aber besonders sorgfältig darauf achten, dass die Fußnote alle notwendigen Informationen enthält – und das ist nicht nur der Titel des gedruckten Werkes, sondern das sind auch Angaben zur Quelle selbst.

> Ein Beispiel: Sie zitieren aus einem Brief, den der österreichische Staatskanzler Metternich im April 1819 von seinem Berater Friedrich v. Gentz erhielt. Sie verwenden folgendes Quellenwerk:

Richard v. Metternich-Winneburg (Hrsg.): Aus Metternich's nachgelassenen Papieren. 8 Bde. Wien 1880-1884. Der Brief findet sich im Band 3 auf den Seiten 220-224, das Zitat steht auf Seite 223. Im Text schreiben Sie: Gentz hatte auch den „ewig unverzeihlichen“ Artikel der Bundesakte zur Pressefreiheit im Visier.

Noch ist offen, wann, gegenüber wem und in welchem Kontext sich Gentz äußerte. Das müssen Sie nun im Beleg angeben, weil Sie es im Text unterlassen haben. Die korrekte Fußnote lautet (wenn Sie den Band zum ersten Mal in einer Fußnote nennen):

[7] Gentz an Metternich, Wien, 1.4.1819. Abgedruckt in: Richard v. Metternich-Winneburg (Hrsg.): Aus Metternich's nachgelassenen Papieren. 8 Bde. Wien 1880-1884. Bd. 3, S. 220-224, Zitat: S. 223.

Der Kurztitel (ab der zweiten Nennung) sieht so aus:

[9] Gentz an Metternich, Wien, 1.4.1819. Abgedruckt in: Metternich: Nachgelassene Papiere 3, S. 220-224, Zitat: S. 223.

All diese Beispiele machen deutlich, dass die Hauptfunktion der wissenschaftlichen Fußnote der Beleg und damit die Überprüfbarkeit Ihrer Aussagen ist. Gleichwohl sollten Sie sich angewöhnen, Fußnoten auch kreativ zu nutzen. Hier ist auch Platz für kürzere Ausführungen, die nicht in den Argumentationsgang des Textes passen, für knappe biographische Hinweise zu handelnden Personen oder für weiterführende Bemerkungen, die den engeren Rahmen der Thematik sprengen würden.

# 10. Die schriftliche Hausarbeit

Hausarbeiten schreiben Sie während Ihres Studiums im Rahmen von Lehrveranstaltungen und am Ende anlässlich Ihres Examens. Es liegt auf der Hand, dass sich die Anforderungen, die an eine Hausarbeit gestellt werden, in dieser Zeit wandeln. Das betrifft die Komplexität des zu behandelnden Problems, die auszuwertende Literatur- und Quellenbasis und den Umfang der Arbeit: Die Hausarbeiten im BA etwa sind in aller Regel nicht länger als zehn bis 20 Seiten und beschäftigen sich mit sehr überschaubaren, bereits gut erforschten Themengebieten; Hausarbeiten in Masterstudiengängen erreichen meist 20 bis 30 Seiten und sind in der methodischen und inhaltlichen Themenstellung anspruchsvoller; Examensarbeiten sind zumeist 80 bis 100 Seiten lang und behandeln ein umgrenztes Thema schon mit einer gewissen Selbständigkeit. Ganz gleichgültig aber, um welche Art von Arbeit es sich handelt: Alle sind denselben wissenschaftlichen Prinzipien und formalen Regeln verpflichtet. Was Sie beim Schreiben Ihrer ersten Hausarbeiten gelernt haben, kommt Ihnen also später noch zu Gute.

Das Kapitel zum Verfassen der Hausarbeit steht am Ende dieses Kursbuchs, weil vieles von dem, was wir in den zurückliegenden Kapiteln erläutert haben, hier direkt einfließt. Dazu gehören insbesondere das Finden von Quellen und Literatur, das richtige Lesen, das Zitieren und Belegen sowie die Informationssuche in Nachschlagewerken und Datenbanken. All das geht dem eigentlichen Schreibprozess voraus. Ganz am Beginn steht indes das Finden eines geeigneten Themas. Häufig vergeben Dozenten in Seminaren Referatsthemen, die dann auch für die Hausarbeiten verwendbar sind. Gleichwohl sollten Sie immer Kontakt mit Ihrem Dozenten aufnehmen, bevor Sie richtig loslegen. Gerade für Anfänger ist es nicht immer leicht zu erkennen, ob sich ein bestimmtes Problemfeld tatsächlich für die Behandlung in einer Hausarbeit eignet. Außerdem sollten Sie sicherstellen, dass Sie sich wirklich die normalerweise notwendigen rund vier Wochen auf das Anfertigen der Hausarbeit konzentrieren können; für eine Examensarbeit kalkuliert man vier bis sechs Monate. Am besten ist es, wenn Sie sich in dieser Zeit voll in die Thematik vertiefen können; das Schreiben wird Ihnen dann leichter fallen und auch der Qualität Ihrer Arbeit wird das nur gut tun.

Zunächst einige Hinweise zum **formalen Aufbau**. Hausarbeiten werden auf einseitig beschriebenen DIN-A-4-Blättern verfasst und mit PC oder Schreibmaschine getippt. Der Zeilenabstand im Textkorpus beträgt 1,5 Zeilen. Wenn Sie einen PC verwenden, was mittlerweile die Regel ist, wählen Sie als Zeichengröße 12 Punkt. Die Fußnoten setzt man üblicherweise einzeilig und 10 Punkt groß. Achten Sie darauf, dass Sie genügend Seitenrand lassen: rechts drei bis vier Zentimeter für Korrekturen, links etwa drei Zentimeter, damit beim Blättern des gehefteten Exemplars alles lesbar bleibt. Halten Sie sich an den vereinbarten Umfang und versuchen Sie auch nicht, eine eigentlich viel zu lange Arbeit durch allerlei Textverarbeitungskünste (kleinere Zeichen, engerer Zeilenabstand, knapperer Rand) auf die geforderte Seitenzahl zu trimmen; die betroffenen Dozenten sind ja auch nicht von gestern, realisieren das rasch und fühlen sich dann zu Recht für dumm verkauft. Hausarbeiten müssen nicht gebunden werden (Examensarbeiten schon), sparen Sie sich das Geld – ein Schnellhefter genügt vollkommen.

Das Gerüst einer wissenschaftlichen Arbeit sieht so aus:

Titelblatt
Inhaltsverzeichnis
Einleitung
Hauptteil
Schluss
Eventuell Anmerkungen (sofern keine Fußnoten)
Quellenverzeichnis (Ungedruckte Quellen – Gedruckte Quellen)
Literaturverzeichnis
Eventuell Anhang (zum Beispiel Statistiken, Karten, Quellentexte)

Wir wollen nun die einzelnen Teile dieses Gerüsts abgehen und Sie auf die wichtigsten inhaltlichen und formalen Anforderungen aufmerksam machen.

**1.** Eine wissenschaftliche Hausarbeit beginnt mit dem **Titelblatt**. Es lässt sich in drei Blöcke unterteilen: Im ersten Block machen Sie Angaben zur Lehrveranstaltung, dem Dozenten und dem Semester, in dem die Veranstaltung stattfand, wenn Sie möchten, können Sie hier auch noch die Universität insgesamt und / oder das betreffende Institut o.ä. angeben; all das lässt sich beispielsweise auf der Seite links oben unterbringen. Ein zweiter Block, zentriert in der Mitte der Seite, nennt Titel und gegebenenfalls Untertitel der Arbeit sowie den Verfas-

XY Universität
Historisches Seminar
Abteilung für Mittelalterliche Geschichte

Proseminar: Die Ottonen
Wintersemester 2009/10
Leitung: Dr. Gustav Beispiel

**Die Burgenbauordnung Heinrichs I.**
von
Lisa Muster

BA Geschichte
xy. Fachsemester
Adresse:
Telefon / E-Mail:

Abb. 22: Titelblatt einer Seminararbeit

ser; diese Passage können Sie vergrößern, fett setzen oder anders hervorheben. Im dritten Block geben Sie Auskunft über Ihren Studiengang und Ihre Fächerkombination, die Semesterzahl und Ihre Adresse, wobei Sie für Rückfragen am besten Telefonnummer und / oder E-Mail-Adresse angeben sollten. Das Titelblatt trägt keine Seitenzahl, wird aber in aller Regel mitgezählt.

**2.** Nach dem Titelblatt folgt das **Inhaltsverzeichnis**. Es entspricht der Gliederung mit Seitenzahlen, wobei jeweils jene Seite anzugeben ist, auf der das betreffende Kapitel beginnt. Jede Kapitelüberschrift, die Sie im Textteil setzen, muss auch genau so im Inhaltsverzeichnis auftauchen. Wie das Titelblatt bekommt auch das Inhaltsverzeichnis keine Seitenzahl, wird aber normalerweise ebenfalls mitgezählt. Die erste Seitenzahl kommt auf die erste Textseite, am oberen oder unteren Rand und dort mittig, links oder rechts. Wenn Sie also eine Arbeit abgeben, die mit einem Titelblatt und einer Seite Inhaltsverzeichnis beginnt, muss auf der ersten Textseite die Seitenzahl – 3 – auftauchen.

Gliedern Sie konsequent und schlüssig. Weit verbreitet ist die folgende Variante (mit beispielhaft angegebenen Seitenzahlen):

1 Hauptkapitel 1 . . . . . . . . . . . . . . . . . . . . . . . . . . . . .6<br>
1.1 Unterkapitel 1 . . . . . . . . . . . . . . . . . . . . . . . . . . .6<br>
1.2 Unterkapitel 2 . . . . . . . . . . . . . . . . . . . . . . . . . . .8<br>
1.2.1 Erster Abschnitt zu Unterkapitel 2 . . . . . . . . . . . . . . . . . .8<br>
1.2.2 Zweiter Abschnitt zu Unterkapitel 2 . . . . . . . . . . . . . . . . .9<br>
2 Hauptkapitel 2 . . . . . . . . . . . . . . . . . . . . . . . . . . . . .10<br>
3 Hauptkapitel 3 . . . . . . . . . . . . . . . . . . . . . . . . . . . . .14

Eine Alternative ist die Kombination aus römischen und arabischen Ziffern sowie Buchstaben:

I Hauptkapitel I . . . . . . . . . . . . . . . . . . . . . . . . . . . . . . .6<br>
1 Unterkapitel 1 . . . . . . . . . . . . . . . . . . . . . . . . . . . . .6<br>
2 Unterkapitel 2 . . . . . . . . . . . . . . . . . . . . . . . . . . . . .8<br>
a) Erster Abschnitt zu Unterkapitel 2 . . . . . . . . . . . . . . . . . . .8<br>
b) Zweiter Abschnitt zu Unterkapitel 2 . . . . . . . . . . . . . . . . . .9<br>
II Hauptkapitel II . . . . . . . . . . . . . . . . . . . . . . . . . . . . .10<br>
III Hauptkapitel III . . . . . . . . . . . . . . . . . . . . . . . . . . . .14

Beachten Sie, dass ein Unterkapitel niemals alleine stehen kann. **Falsch** ist daher die folgende Version:

1 Hauptkapitel 1
  1.1 Unterkapitel 1
2 Hauptkapitel 2

Die **Gliederung** ist aber nicht nur ein formales, sondern auch und gerade ein inhaltliches Problem: Konzipieren Sie Ihre Gliederung, während Sie sich in das Thema einarbeiten, nicht erst während des Schreibprozesses. Je sorgfältiger und schlüssiger Sie gliedern, desto leichter wird Ihnen das Niederschreiben fallen. Eine wichtige Frage im Bereich der Geschichtswissenschaft ist beispielsweise oftmals, ob man ein Thema chronologisch abhandelt oder systematisch, also im Längsschnitt, analysiert. Wir haben Ihnen dieses Problem bereits im Kapitel 7 vorgestellt, in dem es um geschichtswissenschaftliche Methodenfragen ging. Die Entscheidung, welchen Zugriff man wählt, ist naturgemäß von der spezifischen Fragestellung und den konkreten Erkenntnisinteressen abhängig. Manchmal kann man sich klar auf eine der beiden Varianten festlegen, manchmal ist ein kombinierter Zugriff angeraten.

Wenn Sie etwa über das Interregnum (1245/50-1273) schreiben, könnten Sie sich chronologisch durch die Thematik arbeiten: Der Kampf zwischen Papst Innozenz IV. und Kaiser Friedrich II., die Absetzung Friedrichs durch den Papst 1245, die Wahl Heinrich Raspes von Thüringen 1246, dessen rascher Tod 1247, die Wahl Wilhelms von Holland 1247, der Tod Friedrichs II. 1250, die Politik Konrads IV. in Süditalien, die Doppelwahl von Richard Cornwall und Alfons v. Kastilien 1256 usw. Alternativ oder ergänzend könnten Sie systematische Aspekte beleuchten, welche die Chronologie ganz oder ein Stück weit aufbrechen: Den Städtebund, die Fürstenpolitik, die Rolle der Kirche, die europäische Dimension des Konflikts usw.

Achten Sie darauf, dass die einzelnen Kapitel Ihrer Arbeit einigermaßen ausgewogen dimensioniert sind. Am besten setzen Sie die ersten Gliederungsentwürfe zunächst einmal handschriftlich auf, das macht Sie auch gedanklich flexibler. Überlegen Sie, wie viele Seiten Ihnen insgesamt zur Verfügung stehen und bilden Sie einigermaßen homogene Abschnitte. Die einzelnen Kapitel müssen lang genug sein, dass Sie einen Gedankengang substantiell entwickeln können. Schreiben Sie dann zu jedem geplanten Kapitel in Stichworten, was Sie dort jeweils abhandeln wollen.

Beispielsweise sollten Sie bei einer 15 Seiten langen Seminararbeit etwa drei Seiten für Einleitung und Schluss reservieren; es blieben dann rund zwölf Seiten für den Hauptteil, der sich in drei oder vier Kapitel unterteilen ließe. Auch die Unterkapitel, die Sie gegebenenfalls bilden, müssen so umfangreich sein, dass Sie einen plausiblen Argumentationsgang entwickeln können; Abschnitte mit nur einigen wenigen Zeilen haben eher Lexikoncharakter und sollten vermieden werden.

**3.** Auf das Inhaltsverzeichnis folgt der Textteil. Er beginnt mit der **Einleitung**, die Sie auch so nennen können, aber nicht müssen. In eine wissenschaftliche Einleitung gehören vier Gesichtspunkte:

**a)** Teilen Sie dem Leser mit, welches **Thema** Sie bearbeiten und welche **inhaltlichen, methodischen und zeitlichen Grenzen** Ihr Untersuchungsgegenstand hat. Überlegen Sie sich gut, wie Sie diese – stets notwendigen – Grenzen begründen. Es ist zum Beispiel keine gute Idee, es so zu machen, wie in der folgenden Arbeit über die Pressepolitik Friedrich v. Gentz', in welcher der Verfasser schreibt:

> Diese Hausarbeit hatte ursprünglich Friedrich von Gentz' Haltung und Einfluss auf die Presse bis in die 1820er Jahre zum Ziel. Im Laufe der Bearbeitung stellte sich jedoch heraus, dass das Quellenmaterial viel zu umfangreich ist, um ausgewertet zu werden. Die nun herangezogenen Quellen beschränken sich deshalb auf den Zeitraum bis zu den Karlsbader Beschlüssen von 1819; sie geben ein recht treffendes Bild, aber Vollständigkeit wird man nicht erwarten dürfen. Weitergehende Recherchen hätten den Rahmen meiner knappen Zeit überschritten.

Diese Einleitung ist ein einziges Klagelied, das in seiner Ungeschicklichkeit nur schwer zu überbieten ist: Der Verfasser hat sich in der Auswahl des Themas vertan, er kommt mit den Quellen nicht zurecht, und er hat eigentlich keine Zeit. All das ist der viel zitierte Schuss ins eigene Knie: Die Auswahl eines geeigneten Themas ist Aufgabe des Verfassers und sollte vorab mit dem Dozenten besprochen werden; wer in Quellenmaterial ertrinkt, hat die falschen Leitfragen gestellt, wer ein „recht treffendes Bild" in Aussicht stellt, weckt beim Leser gewiss kein Vertrauen in seine Ergebnisse, und dass der Verfasser nur begrenzte Zeit hat, ist trivial und macht sich am Beginn einer Hausarbeit denkbar schlecht.

Statt zu jammern hätte der Autor die gleiche Beschränkung vornehmen, aber anders und besser begründen können: Etwa, indem er darauf verweist, dass Gentz' Pressearbeit vor den Karlsbader Beschlüssen einen anderen Zuschnitt hatte als danach, so dass es gerechtfertigt ist, sich auf die Zeitspanne vor oder nach 1819 zu konzentrieren. Diese Begrenzung des Themas basiert auf inhaltlichen und methodischen Argumenten und ist deshalb weitaus überzeugender.

**b)** Geben Sie Auskunft darüber, welche **Leitfrage(n)** Sie haben, welche **Problemstellung** mit Ihrem Thema verbunden ist und mit welchen **Methoden** Sie Ihr Thema erschließen. Das Formulieren von problemorientierten Leitfragen ist – wie schon mehrfach erwähnt – außerordentlich wichtig, es hat geradezu eine Schlüsselfunktion für Ihre gesamte Hausarbeit. Sie müssen deshalb schon in einem frühen Stadium Ihrer Arbeit entsprechende Fragen entwickeln, auch wenn Sie diese gegebenenfalls im weiteren Verlauf wieder modifizieren. Wenn Sie keine Leitfragen stellen, fehlt Ihrer Untersuchung der strukturierende, analytische Zugriff, und die Quellen, die Sie auswerten wollen, bleiben stumm. Hausarbeiten, die ohne Leitfragen und methodische Reflexion konzipiert sind, liefern oftmals ein faktenlastiges Nacheinander von Ereignissen (zuerst war es so, dann passierte das und dann kam jenes...) – aber das allein ist keine Wissenschaft.

Schreiben Sie in der Einleitung also nicht einfach: „Thema der Arbeit sind die Turnvereine um 1810", sondern eröffnen Sie dem Leser (und damit sich selbst), welche zentralen, mit dieser Thematik verknüpften Probleme Sie beleuchten werden: „Dabei wird es insbesondere um die Frage gehen, wie diese Bewegung mit dem in jener Zeit entstehenden deutschen Nationalismus verbunden war", oder: „Ich werde vor allem klären, welches Frauenbild die Turner hatten und welche Funktion der Frau in der Turnbewegung zukam", oder: „Welche Beziehung hatten die Turner zur preußischen Obrigkeit?" Erläutern Sie in diesem Zusammenhang auch methodische Probleme und welche Konsequenzen diese für Ihre Arbeit haben: Etwa dass Ihre Quellen zum Frauenbild zwangsläufig ganz überwiegend aus männlicher Feder stammen oder dass sich die Turner im katholischen Süddeutschland unter ganz anderen Umständen zusammenschlossen als im protestantischen Norden und Sie deswegen diese oder jene Beschränkung vornehmen müssen.

Sie können Ihre Problemstellung ohne weiteres in Frageform fassen, wie es das letzte Beispiel demonstriert. Trauen Sie sich auch ruhig, in der Ich-

Form zu schreiben. Meiden Sie verquaste Formulierungen à la „der Verfasser fragt dies und jenes“ oder ständige angestrengte Passivkonstruktionen wie „es wird dann zu klären sein, ob“. Wer die Ich-Form lieber meidet, sollte sich zumindest um einige Abwechslung im Satzbau bemühen.

**c)** Geben Sie einen Überblick über die **Forschungslage** und die von Ihnen verwendeten **Quellen.** Sie müssen dabei nicht alle Titel nennen, die Sie verwendet haben, aber doch jene, die Ihre Untersuchung maßgeblich beeinflusst haben. Versuchen Sie wie beim Referat, die wichtigsten Arbeiten **qualifiziert** vorzustellen: Lassen Sie nicht nur einzelne Namen fallen, sondern erläutern Sie in Text oder Fußnote, welche Aspekte der jeweiligen Publikation für Sie besonders relevant waren. Schreiben Sie also nicht einfach: „Verwendet habe ich die Bücher von Meier, Müller, Schmidt und Schulze sowie den Aufsatz von Koch.“ Besser ist: „Meiers Darstellung beleuchtet insbesondere dies und jenes, die Spezialuntersuchungen von Müller und Schmidt zeigen, dass sich das Problem hier und dort ganz anders darstellte, Schulzes ältere Arbeit ist durch den Aufsatz von Koch vor allem methodisch überholt, allerdings finden sich dort zahlreiche wichtige Quellenauszüge.“

Wenn Sie ein wenig länger im Geschäft sind, wird sich die Funktion dieses Überblicks zur Forschungs- und Quellenlage wandeln: Sie werden dann in dieser Passage mehr und mehr versuchen, ein Defizit im bisherigen Forschungsstand herauszuarbeiten, das Sie mit Ihrer Arbeit zu beheben versuchen, indem Sie bestimmte Methoden anwenden und / oder bestimmte Quellen heranziehen. Elementar ist dieses Markieren einer Forschungslücke naturgemäß insbesondere bei Dissertationen und Habilitationen; wenn Sie sich Einleitungen solcher Qualifikationsarbeiten einmal darauf hin ansehen, werden Sie leicht erkennen, welch zentrale Bedeutung dieser Gesichtspunkt hat.

Vergessen Sie nicht, jedes erwähnte Werk zu belegen; da es sich hier in aller Regel um die erste Nennung handelt, ist in der Fußnote jeweils der volle Titel anzugeben. Der Fußnotenapparat wird in der Einleitung deshalb oft besonders umfangreich, aber das soll Sie nicht stören.

**d)** Erläutern Sie Ihr Vorgehen und Ihre **Gliederung**. Auch hier gilt: Es ist nicht nötig, jedes Detail zu präsentieren. Aber der Leser muss über die wesentlichen Schritte vorab informiert sein.

Beachten Sie, dass die Einleitung nicht zu lang wird: Sie sollte in einem angemessenen Verhältnis zum Rest der Arbeit stehen. Wenn Sie insgesamt 15 Textseiten schreiben, sollte die Einleitung etwa zwei Seiten nicht überschreiten. Auch wenn dieser Abschnitt am Anfang Ihrer Hausarbeit steht, müssen Sie ihn nicht zuerst schreiben. Wer zu Schreibblockaden neigt, wird sich leichter tun, wenn er erst einmal eine Passage formuliert, die auf Quellenrecherchen aufgebaut ist. Allerdings hilft das Schreiben der Einleitung ungemein, die behandelte Thematik analytisch zu durchdringen und die Hausarbeit insgesamt zu konzipieren, insofern sollten Sie diesen Schritt nicht zu lange aufschieben. Finden Sie heraus, was Ihnen am leichtesten fällt und Ihrer Arbeit am besten bekommt. Es empfiehlt sich in jedem Fall, die Einleitung am Ende der Niederschrift noch einmal auf ihre Stimmigkeit zu prüfen und gegebenenfalls anzupassen.

**4.** Der Einleitung folgt der **Hauptteil**, der aber nicht extra mit dieser Bezeichnung versehen wird. Darin sollen Sie anhand der in der Einleitung formulierten Leitfragen Ihre Thematik bearbeiten: Historische Abläufe darstellen, Quellen interpretieren und die Meinungen anderer Historiker diskutieren. Beachten Sie dabei, dass sich eine wissenschaftliche Arbeit nicht durch die detailbesessene Aneinanderreihung von Stoffmassen auszeichnet, sondern durch eine problemorientierte und analytische Darstellung des zu behandelnden Gegenstandes. Versuchen Sie nicht nur, aus der Spezialliteratur Details herauszufiltern, sondern achten Sie immer auf Ihre erkenntnisleitende Fragestellung und auf den für eine Interpretation unumgänglichen historischen Zusammenhang. Schildern Sie zum Beispiel nicht nur, was war, sondern auch, wie es dazu kam und wie die historische Forschung diesen Vorgang – gegebenenfalls kontrovers – interpretiert.

Manche Zeitgenossen meinen, dass eine Arbeit erst dann wissenschaftlich ist, wenn sie mit vielen Fremdwörtern gespickt ist und einen möglichst komplizierten Satzbau hat. Das Gegenteil ist richtig: Eine gelungene wissenschaftliche Arbeit zeichnet sich durch eine einfache und präzise Sprache aus. Auch wenn der behandelte Gegenstand hoch komplex ist, muss die Darstellung klar und flüssig bleiben. Das wird Ihnen gerade in den ersten Semestern nicht leicht fallen, aber Sie sollten dieses Ziel stets im Auge behalten.

Hierzu einige **Tipps**: Vermeiden Sie Schachtelsätze. Machen Sie statt eines langen Satzes mit zahlreichen Einschüben und Nebensätzen besser zwei oder drei kürzere Sätze. Achten Sie auf Wiederholungen („die große Bedeutung der Großagrarier") sowie auf Genitiv- und Nominalfluten („Am Anfang der Arbeit steht die Klärung der Frage der Bedeutung der Industrialisierung des Ruhrgebiets für die Wirtschaft der Niederlande". Besser wäre: „Zunächst ist zu klären, wie bedeutsam die Industrialisierung des Ruhrgebiets für die niederländische Wirtschaft war"). Hüten Sie sich vor schiefen Bildern („Der Zahn der Zeit ließ über diesen Konflikt schließlich Gras wachsen").

Schreiben Sie möglichst in der Aktivform; Passivkonstruktionen machen den Satzbau unübersichtlich und verleiten Sie zu unpräzisen Aussagen: „Im Reichstag wurde Ebert entgegnet, dass" – wer hat denn entgegnet? Und generell gilt: Historische Arbeiten werden im Präteritum (Vergangenheitsform) verfasst.[92]

**5.** Die letzte Station im Textteil der Hausarbeit ist der **Schluss**. Ob Sie diesen Abschnitt so nennen oder anders, bleibt Ihnen überlassen. Wichtig ist etwas anderes: Vor allem Anfängern geht an dieser Stelle oft die Puste aus. Sie ringen sich allenfalls noch einige dürre Zeilen ab, denen man auf den ersten Blick ansieht, dass ihr Verfasser mit seiner geistigen Kraft am Ende war. Diesen Eindruck sollten Sie vermeiden. Auch wenn Sie an dieser Stelle das berühmte Licht am Ende des Tunnels sehen und Ihr Werk lieber heute als morgen abgeben würden, müssen Sie sich noch einmal richtig konzentrieren, denn: Eine gute Arbeit braucht einen guten Schluss. Er bündelt konzis die in der Einleitung formulierten Leitfragen und die im Hauptteil entwickelten Ergebnisse der Arbeit. Diese Zusammenfassung ist das Mindeste, was der Leser erwarten kann. Noch besser ist, wenn Sie diese verdichtete Argumentation mit grundsätzlichen Überlegungen, weiterführenden Perspektiven oder Anregungen verbinden können, wobei Sie allerdings den Kontext Ihrer Thematik nicht übertrieben weiten sollten.

**6.** Am Ende der Arbeit steht der so genannte **wissenschaftliche Apparat**. Alle Teile des Apparats werden mit Seitenzahlen versehen und auch im Inhaltsverzeichnis berücksichtigt. Sofern Sie nicht mit Fußnoten arbeiten, erscheinen hier zunächst die **Anmerkungen (Endnoten)**, die nach den im Kapitel 9 erläuterten Regeln zu setzen sind. Sie können sich überlegen, ob Sie Ihrer Arbeit ein zusätzliches Exemplar der Anmerkungen lose beifügen, das der Leser neben den Text legen kann, um sich ständiges Hin- und Herblättern zu ersparen.

Es folgen schließlich noch das **Quellenverzeichnis** sowie – getrennt davon und mit eigener Überschrift – das **Literaturverzeichnis**. In diese Verzeichnisse gehören jene Titel, die in Ihrer Arbeit mindestens einmal in einer Fußnote auftauchen. Im Quellenverzeichnis stehen die ungedruckten Quellen (sofern Sie diese verwendet haben) vor den gedruckten Quellen; letztere können Sie noch einmal unterteilen, zum

---

[92] Viele weitere Hinweise zu diesem Komplex finden Sie in dem vorzüglichen Buch von Karl-Heinz Göttert: Kleine Schreibschule für Studierende. München [2]2003.

Beispiel in zeitgenössische Publizistik und in andere gedruckte Quellen. Das Verzeichnis der gedruckten Quellen wird alphabetisch geordnet; Bezugspunkt ist dabei der Nachname des Herausgebers bzw. Bearbeiters, wenn Sie diesen in der Titelaufnahme vorangestellt haben. Falls Sie den Titel des Werks vorgezogen haben, ist Bezugspunkt das erste Nomen im Titel. Anonym erschienene Schriften werden im Verzeichnis ganz nach vorne gezogen und untereinander ebenfalls nach dem ersten Nomen alphabetisiert. Wichtig: Im Quellenverzeichnis anzugeben ist das Werk, in dem die verwendete Quelle verzeichnet ist, **nicht** die Quelle selbst. Auch wenn Sie also nur einen einzigen Brief aus einer mehrere hundert Seiten umfassenden Edition verwendet haben, müssen Sie im Quellenverzeichnis das Buch als Ganzes angeben und nicht den verwendeten Brief – letzteres machen Sie ja in der entsprechenden Fußnote. Das folgende Literaturverzeichnis ist ebenfalls alphabetisch aufgebaut, eine zusätzliche Trennung nach Monographien und Aufsätzen ist unnötig. Seitenzahlen werden nur bei Aufsätzen angegeben, weil sie dort zur Titelaufnahme gehören. Bei Monographien geben Sie im Literaturverzeichnis stets das gesamte Werk an – auch wenn Sie nur zwei oder drei Seiten davon gelesen haben.

Wenn Sie Quellentexte, Statistiken, Landkarten oder Ähnliches haben, können Sie dieses Material nun noch als **Anhang** anschließen. Was Sie hier anfügen, sollte aber in einem konkreten Zusammenhang mit der Argumentation Ihrer Arbeit stehen; einfach nur zur Illustration des Geschriebenen oder gar als billiger Seitenfüller ist der Anhang nicht gedacht.

Nun bleibt Ihnen nur noch, Ihre Hausarbeit beim Dozenten abzugeben und auf Korrekturen, Gutachten und Schein oder ECTS-Punkte zu warten – und die Bewertung wird bei Beachtung aller Regeln und Tipps dieses Bändchens gewiss glänzend ausfallen.

# 11. Abbildungsverzeichnis

# 12. Wegweiser durch Literatur und Onlineressourcen

Das alphabetisch geordnete Verzeichnis verweist auf wichtige Literaturtitel und Onlineressourcen, die im Kursbuch erwähnt sind.

## A



## B

Beck, Friedrich und Eckart Henning: Die archivalischen Quellen. Mit einer Einführung in die Historischen Hilfswissenschaften. 4., durchges. Aufl. Köln 2004 **16**

Berichte zur Wissenschaftsgeschichte, Bd. 1ff. (1978ff.) **103**

Berufe für Historiker, http://www.berufe-fuer-historiker.de **13**

Bibliothek für Bildungsgeschichtliche Forschung, http://www.bbf.dipf.de **90**

Biographie-Portal, http:www.biographie-portal.eu, S. **61f.**

Blätter für deutsche Landesgeschichte [Bll.dt.L.G.], Bd. 1ff. (1852ff.) **104**

Bleicken, Jochen: Die athenische Demokratie. 4., völlig überarb. u. wesentl. erw. Aufl. Paderborn u.a. 1995 **66**

Bleicken, Jochen: Die Verfassung der römischen Republik. Grundlagen und Entwicklung. Paderborn u.a. [8]2000 **66**

Brandt, Ahasver v.: Werkzeug des Historikers. Eine Einführung in die Historischen Hilfswissenschaften. Mit aktualisierten Literaturnachträgen und einem Nachwort von Franz Fuchs. Stuttgart u.a. [17]2007 **16**

Braudel, Fernand: Das Mittelmeer und die mediterrane Welt in der Epoche Philipps II. 3 Bde. Frankfurt/M. 1990. (Franz. Original: La Méditerranée et le monde méditerranéen à l'époque de Philippe II. Paris 1949) **116**

Burke, Peter: Die Geschichte der „Annales". Die Entstehung der neuen Geschichtsschreibung. Aktual. und um ein Nachwort erg. Neuausgabe. Berlin 2004 (Engl. Original: The French Historical Revolution. The Annales School. Cambridge u.a. 1990) **116**

## C

Central European History [CEH], Bd. 1ff. (1968ff.) **100**

Christ, Karl: Geschichte der römischen Kaiserzeit. Von Augustus bis zu Konstantin. 6. Aufl. mit aktual. Bibliographie. München 2009 **115**

Clio-online. Portal für die Geschichtswissenschaften, http://www.clio-online.de. **34f., 78, 83-85, 88, 105f.**

Cornelißen, Christoph (Hrsg.): Geschichtswissenschaften. Eine Einführung. Frankfurt/M. [4]2009 **107**

## D

demokratiegeschichte.eu, http://www.demokratiegeschichte.eu **88**

Deutsche Biographische Enzyklopädie [DBE], hrsg. von Walther Killy und Rudolf Vierhaus. 12 Bde. München 1995-2000. 2., überarb. und erw. Aufl. München 2005-2008. **62-65**

Deutsche Verwaltungsgeschichte, hrsg. von Kurt G. Jeserich, Hans Pohl und Georg-Christoph v. Unruh. 5 Bde. und 1 Reg.bd. Stuttgart 1983-1988 **66**

Deutscher Biographischer Index [DBI]. 8 Bde. 3., kumulierte und erw. Ausg. München 2004 **63-65**

Deutsches Archiv für Erforschung des Mittelalters [DA], Bd. 1ff. (1937ff.) **97**

Deutsche Biographie, http://www.deutsche-biographie.de, S. **59-61**

Deutsches Biographisches Archiv [DBA I]. Eine Kumulation aus 264 der wichtigsten biographischen Nachschlagewerke für den deutschen Bereich bis zum Ausgang des 19. Jahrhunderts, hrsg. von Bernhard Fabian, bearb. unter Leitung von Willi Gorzny. Microfiches, München 1982-1985 **63, 65**

Deutsches Biographisches Archiv, Neue Folge [DBA II]. Kumulation aus 284 biographischen Lexika und dem Nachweis von ca. 280.000 Personen, bearb. von Willi Gorzny. Microfiches, München 1989-1993 **63-65**

Deutsches Biographisches Archiv 1960-1999 [DBA III], bearb. von Victor Herrero Mediavilla. München 1999-2001 **64f.**

Deutsches Historisches Institut London, http://www.ghil.ac.uk **90**

Deutsches Historisches Institut Paris, http://www.dhi-paris.fr **90**

Deutsches Historisches Institut Rom, http://www.dhi-roma.it **90**

Deutsches Historisches Institut Warschau, http://www.dhi.waw.pl/de **90**

Deutsches Historisches Institut Washington, http://www.ghi-dc.org **90**

Deutsches Historisches Museum Berlin, http://www.dhm.de **88, 91**

Dictionary of the Middle Ages, hrsg. von Joseph R. Strayer. 12 Bde. und 1 Reg.bd. New York 1982-1989, Erg.-bd. 2004 **56**

# E

Encyclopedia of World Environmental History, hrsg. von Shepard Krech, J. R. McNeill und Carolyn Merchant. 3 Bde. New York, London 2004 **68**

English Historical Review [EHR], Bd. 1ff. (1886ff.) **95**

Environment and History, Bd. 1ff. (1995ff.) **102**

Environmental History, Bd. 1ff. (1996ff.) **102**

Enzyklopädie der Neuzeit. Im Auftrag des Kulturwissenschaftlichen Instituts (Essen) und in Verbindung mit den Fachwissenschaftlern hrsg. von Friedrich Jäger. 16 Bde. Stuttgart u.a. 2005ff. **56**

Enzyklopädie Deutscher Geschichte [EDG], hrsg. von Lothar Gall in Verbindung mit Peter Blickle, Elisabeth Fehrenbach, Johannes Fried, Klaus Hildebrand, Karl Heinrich Kaufhold, Horst Möller, Otto Gerhard Oexle und Klaus Tenfelde. München 1988ff. **21f., 41**

European Historical Bibliographics, http://www.histbib.eu **30**
European Society for Environmental History, http://eseh.org **90**
Evangelische Arbeitsgemeinschaft für Kirchliche Zeitgeschichte, http://www.ekd.de/zeitgeschichte **90**

# F

Forschungen zur Brandenburgischen und Preußischen Geschichte, Neue Folge [FBPG, N.F.], Bd. 1ff. (1991ff.) **104**
Forschungs- und Wissenschaftsinstitutionen, http://www.clio-online.de/site/lang__de/40208110/Default.aspx **90**
Francia. Forschungen zur westeuropäischen Geschichte, Bd. 1ff. (1973ff.) **100**
Franck, Norbert: Fit fürs Studium. Erfolgreich reden, lesen, schreiben. München [9]2008 **39, 119**
Frühe Neuzeit Digital, http://www.hab.de/bibliothek/fachinfo/fnd **87**
Frühmittelalterliche Studien. Jahrbuch des Instituts für Frühmittelalterforschung der Universität Münster [FMSt], Bd. 1ff. (1967ff.) **97**
Fuchs, Konrad und Heribert Raab: Wörterbuch Geschichte. München [13]2002. Seit 2005 auch als CD-ROM. **52**

# G

Gadamer, Hans-Georg: Wahrheit und Methode. Grundzüge einer philosophischen Hermeneutik. 2., durch einen Nachtrag erw. Aufl. Tübingen 1965 **109**
German History. The Journal of the German History Society, Bd. 1ff. (1984ff.) **98**
Geschichte der Frauen, hrsg. von Georges Duby u.a. 5 Bde. Frankfurt/M. 1993-1995 **68**
Geschichte des privaten Lebens, hrsg. von Philippe Ariès, u.a. 5 Bde. Frankfurt/M. 1989-1993, Taschenbuchausg. 1995 **68**
Geschichte für heute. Zeitschrift für historisch-politische Bildung **101**
Geschichte in Wissenschaft und Unterricht [GWU], Bd. 1ff. (1950ff.) **40, 95, 101, 106**
Geschichte und Gesellschaft. Zeitschrift für Historische Sozialwissenschaft [GG], Bd. 1ff. (1975ff.) **98**
Geschichtliche Grundbegriffe. Historisches Lexikon zur politischsozialen Sprache in Deutschland, hrsg. von Otto Brunner, Werner Conze und Reinhart Koselleck. 7 Bde. und 1 Reg.bd. in 2 Teilbden. Stuttgart 1972-1997. Neuauflage 2004 **52**
Gnomon. Kritische Zeitschrift für die gesamte klassische Altertumswissenschaft. Bd. 1ff. (1925ff.) **32**

Goertz, Hans-Jürgen (Hrsg.): Geschichte. Ein Grundkurs. 3., rev. und erw. Aufl. Reinbek bei Hamburg 2007 **107**

Goetz, Hans-Werner: Proseminar Geschichte: Mittelalter. 3., überarb. Aufl. Stuttgart 2006 **48, 72**

Göttert, Karl-Heinz: Kleine Schreibschule für Studierende. München $^{2}$2003 **158**

Grotefend, Hermann: Zeitrechnung des deutschen Mittelalters und der Neuzeit. 2 Bde., Hannover 1891-1898, Online-Ausgabe bearb. von Horst Ruth, http://www.manuscripta-mediaevalia.de/gaeste/grotefend/grotefend.htm **87**

Grundriss der Geschichte, hrsg. von Lothar Gall, Karl-Joachim Hölkeskamp und Hermann Jakobs. München 1978ff. **21f., 41**

Gymnasium. Zeitschrift für Kultur der Antike und Humanistische Bildung, Bd. 1ff. (1890ff.) **96f.**

# H

Haberkern, Eugen und Joseph Friedrich Wallach: Hilfswörterbuch für Historiker. Tübingen u.a. $^{9}$2001 **52**

Handbuch der deutschen Bildungsgeschichte, hrsg. von Christa Berg u.a. 6 Bde. Bd. 6 in 2 Teilbden. München 1987-2005. **68**

Handbuch der europäischen Geschichte, hrsg. von Theodor Schieder. 7 Bde. Stuttgart 1968-1992 **66**

Handbuch der Europäischen Wirtschafts- und Sozialgeschichte, hrsg. von Wolfram Fischer u.a. 6 Bde. Stuttgart 1980-1993 **67**

Handbuch der Geschichte der internationalen Beziehungen, hrsg. von Heinz Duchhardt. Paderborn u.a. 1997ff. [Bisher erschienen sind die Bde. zu den Epochen 1450-1559, 1559-1660, 1700-1785, 1785-1830 sowie 1830-1878] **67**

Handbuch der Kirchengeschichte, hrsg. von Hubert Jedin. 7 Bde. Freiburg, Basel, Wien 1962-1979. Sonderausgabe in 10 Teilbden. Freiburg u.a. 1986 **67**

Handwörterbuch zur deutschen Rechtsgeschichte, hrsg. von Adalbert Erler und Ekkehard Kaufmann. 5 Bde. Berlin 1971-1998. Eine 2., völlig überarb. u. erw. Aufl. erscheint seit 2004 in Teillieferungen. **66**

Hannah-Arendt-Institut für Totalitarismusforschung e.V., http://www.hait.tu-dresden.de **91**

Hartmann, Martina: Mittelalterliche Geschichte studieren. 3., überarb. Aufl. Konstanz 2011 **70**

Henning, Friedrich-Wilhelm: Handbuch der Wirtschafts- und Sozialgeschichte Deutschlands. 3 Bde. Paderborn u.a. 1991-2010 **67**

# I

chen 1999-2007/08. Vorgängerversionen 1900-1998. Kostenpflichtige Onlineversion: http://www.reference-global.com **34**

Internet-Portal Westfälische Geschichte, http://www.lwl.org/westfaelische-geschichte/portal/Internet **89**

IUS Commune. Zeitschrift für Europäische Rechtsgeschichte, Bde. 1-28 (1967-2001) **100f.**

# J

Jahrbuch der historischen Forschung in der Bundesrepublik Deutschland, hrsg. von der Arbeitsgemeinschaft historischer Forschungseinrichtungen in der Bundesrepublik Deutschland. Stuttgart 1974-1981, München 1982ff. Onlineversion Berichtsjahre 1990ff.: http://www.historische-bibliographie.de **35**

Jahrbuch für Europäische Geschichte, Bd. 1ff. (2000ff.) **100**

Jahrbücher für Geschichte Osteuropas, Neue Folge [JBfGOE, N.F.], Bd. 1ff. (1953ff.) **99**

Jahrbuch für Universitätsgeschichte [JbUG], Bd. 1ff. (1998ff.) **103**

Jahrbuch für westdeutsche Landesgeschichte [JbwestdtLG], Bd. 1ff. (1975ff.) **104**

Jahrbuch für Wirtschaftsgeschichte, Bd. 1ff. (1960ff.) **102**

Jahresberichte für deutsche Geschichte, Neue Folge, hrsg. von der Berlin-Brandenburgischen Akademie der Wissenschaften. Berichtsjahre 1949ff. Berlin 1952ff. Onlineversion: http://www.jdg-online.de **28-30, 32**

Jewish Social Studies. History, Culture, and Society. New Series, Bd. 1ff. (1994ff.) **101**

Journal of Contemporary History [JCH], Bd. 1ff. (1966ff.) **99**

Journal of Modern European History [JMEH], Bd. 1ff. (2003ff.) **100**

# K

Katalog der Internetressourcen für die Klassische Philologie aus Berlin [KIRKE], http://www.kirke.hu-berlin.de **86f.**

Kirn, Paul: Einführung in die Geschichtswissenschaft. Berlin $^{5}$1968 **15f.**

Klio. Beiträge zur Alten Geschichte 1ff. (1902ff.) **96**

Kocka, Jürgen: Geschichte – wozu? (1975 / 1989). In: Wolfgang Hardtwig (Hrsg.): Über das Studium der Geschichte. München 1990, S. 427-443 **111**

Köbler, Gerhard: Historisches Lexikon der deutschen Länder. Die deutschen Territorien und reichsunmittelbaren Geschlechter vom

Mittelalter bis zur Gegenwart. 7., vollst. überarb. Aufl. München 2007 **68**

Köbler, Gerhard: Lexikon der europäischen Rechtsgeschichte. München 1997 **66**

Kommission für Zeitgeschichte, Bonn, http://www.kfzg.de **90**

Koschorreck, Michael und Frank Suppanz: Geisteswissenschaften studieren mit dem Computer. Eine praxisorientierte Einführung. Stuttgart 2003 **18**

Koselleck, Reinhart: Standortbindung und Zeitlichkeit. Ein Beitrag zur historiographischen Erschließung der geschichtlichen Welt. In: Ders., Wolfgang J. Mommsen und Jörn Rüsen (Hrsg.): Theorie der Geschichte. Beiträge zur Historik. Bd. 1: Objektivität und Parteilichkeit in der Geschichtswissenschaft. München 1977, S. 17-46 **112**

Kruse, Otto: Keine Angst vor dem leeren Blatt. Ohne Schreibblockaden durchs Studium. 12., völlig neu bearb. Aufl. Frankfurt/M., New York 2007 **42**

Kuczynski, Jürgen: Geschichte des Alltags des deutschen Volkes, 1600-1945. 5 Bde. Köln 1981-1982. Erg.bd. 1987 **68**

## L

L'Homme. Europäische Zeitschrift für Feministische Geschichtswissenschaft, Bd. 1ff. (1990ff.) **101**

Landkarten, http://www.ieg-maps.uni-mainz.de **68**

Leo Baeck Institute Year Book, Bd. 1ff. (1956ff.) **101**

Leppin, Hartmut: Einführung in die Alte Geschichte. München 2005 **71**

Lexikon des Mittelalters. Red. Liselotte Lutz u.a. 9 Bde. und 1 Reg.bd. München u.a. 1980-1999. Neuaufl. München 2003 Sonderausg. Darmstadt 2009 **54-56**

Lexikon für Theologie und Kirche [LThK], hrsg. von Walter Kasper. 10 Bde. 1 Abkürzungsbd., 1 Reg. u. Erg.bd. Freiburg 1993-2001 Sonderausg. als Taschenbuch 2009 **67**

Linkliste Mittelalter, http://www.mittelalter.uni-tuebingen.de/?q=links/links.htm **87**

Lorenz, Chris: Konstruktion der Vergangenheit. Eine Einführung in die Geschichtstheorie mit einem Vorwort von Jörn Rüsen. Köln u.a. 1997 **110**

## M

Metzler, Gabriele: Einführung in das Studium der Zeitgeschichte. Paderborn u.a. 2004 **73**

# N



# O



# P

Praxis Geschichte. Zeitschrift für den Geschichtsunterricht in der Sek. I/II **101**

## Q

Quellenkunde zur deutsche Geschichte der Neuzeit von 1500 bis zur Gegenwart, hrsg. von Winfried Baumgart. 7 Bde. Darmstadt 1977-2003 CD-ROM: Darmstadt 2005 **27**

Querelles-Net. Rezensionszeitschrift für Frauen- und Geschlechterforschung, Bd. 1ff. (2000ff.), http://www.querelles-net.de **101f.**

## R

Ranke, Leopold von: Über die Epochen der neueren Geschichte. Neunzehn Vorträge vor König Maximilian von Bayern. München und Leipzig 1917 **108**

Reallexikon für Antike und Christentum [RAC]. Sachwörterbuch zur Auseinandersetzung des Christentums mit der antiken Welt, hrsg. von Theodor Klauser und Ernst Dassmann. Stuttgart 1950ff. [Bisher 23 Bde. bis ‚Manes'] **67**

Rechtsgeschichte [Rg], Bd. 1ff. (2002ff.) **100**

Regenten und Regierungen der Welt. Sovereigns and Governments of the World, bearb. von Bertold Spuler. Teil II: Neuzeit (1492-1970). 3 Bde. 2. Aufl. Würzburg 1962-1972 **65**

Religion in Geschichte und Gegenwart. Handwörterbuch für Theologie und Religionswissenschaft [RGG], hrsg. von Hans Dieter Betz u.a. 8 Bde. u. 1 Reg.bd. 4., völlig neu bearb. Aufl. Tübingen 1998-2007 **67**

Repertorium der diplomatischen Vertreter aller Länder seit dem Westfälischen Frieden (1648), veröff. vom Internationalen Ausschuss für Geschichtswissenschaften. 3 Bde. Berlin u.a. 1936-1965 **65**

Revue Historique [RH], Bd. 1ff. (1876ff.) **95**

Ritters geographisch-statistisches Lexikon. [...] 6., gänzl. umgearb., stark verm. u. verb. Aufl. unter Red. von Otto Henne am Rhyn. Nachdruck der Orig.-Ausg. von 1874. Essen 1983. 2004 als CD-ROM **69**

Rothfels, Hans: Zeitgeschichte als Aufgabe. In: Vierteljahrshefte für Zeitgeschichte 1 (1953), S. 1-8 **98**

## S

Schulze, Winfried: Einführung in die Neuere Geschichte. 5., überarb. und aktual. Aufl. Stuttgart 2010 **72, 113**

Sehepunkte. Rezensionsjournal für die Geschichtswissenschaften, Ausg. 1ff. (2001ff.), http://www.sehepunkte.de **81, 98, 105**

# T



# V

# W



# X, Y, Z